VALÉRIA,

OU

LA CHAPELLE

DE FLOVERN.

VALÉRIA,

OU

LA CHAPELLE

DE FLOVERN;

Par J.-M.-E. RENAULT DE ROUVRAY.

TOME PREMIER.

DIJON;

Chez Victor LAGIER, libraire, rue Rameau, sous le portique du Musée ; NOELLAT, librairé, sous les Piliers-Notre-Dame.

1820.

AVANT-PROPOS.

A u commencement des troubles politiques de 1815, je parcourais le pays de Galles qui renferme des sites curieux et romantiques. Un soir, dans mes promenades solitaires, ayant aperçu de loin les restes d'une antique chapelle, je dirigeai mes pas de ce côté. Je franchis quelques débris épars, et je vis une dame, déjà sur l'âge, qui était prosternée devant une tombe placée dans l'intérieur de l'édifice. Je me gardai bien de troubler son pieux recueillement : tout à coup elle effleura de ses lèvres la pierre sépulcrale, y répandit des pleurs, et se leva dans l'intention de se retirer; je m'approchai d'elle, et lui demandai, en anglais, s'il y avait loin du lieu où nous étions à une ville que je nommai. Elle parut surprise et inquiète, et après avoir répondu à ma question, elle s'éloignait silencieusement. « Madame, lui dis-je d'une voix attendrie, vous venez de pleurer sur la tombe de ceux qui vous étaient chers, et moi je n'ai pas cette douce consolation, car je suis errant loin de ma patrie. » Cette dame me considéra attentivement, puis elle dit, avec l'expression d'une tendre pitié : « Si jeune encore, vous avez connu l'infortune ! Hélas ! le malheur est le roi du monde : jetez les yeux sur ce monument, il renferme ce qu'il y eut de plus beau, de plus vertueux, de plus infortuné sur la terre ! » Elle prononça ces derniers mots avec tant d'émotion qu'il me fut impossible de retenir mes larmes ; elle s'en aperçut et me dit : « Il est tard, monsieur ; si vous n'étiez point trop pressé de vous rendre à la ville, je vous proposerais de m'accompagner à ma demeure qui n'est pas éloignée. » J'acceptai cette offre obligeante, et en peu d'instans nous arrivâmes à une ferme située dans un vallon solitaire. Alors ma conductrice me présenta à son époux qui me reçut avec cette politesse noble et franche , si bien sentie par le voyageur errant sur des bords étrangers.

Je passai quelques jours dans cet asile du repos et de la mélancolie. J'allai plusieurs fois avec mes deux hôtes sur les débris de la chapelle abandonnée, et c'est là qu'ils me firent un récit dont les détails se sont gravés dans ma mémoire. Puisse le lecteur éprouver les sentimens dont je fus pénétré moi-même, lorsque cette histoire touchante me fut racontée au milieu des ruines et près du monument de la vertu !

VALÉRIA

ou

LA CHAPELLE

DE FLOVERN.

CHAPITRE Ier.

« Oh ! que la vie est une rude épreuve ! l'humble vertu languit sur la terre, et la faible innocence est opprimée ou séduite. Infortunée, dont j'ai vu les brillans destins s'éclipser sans retour, es-tu parvenue au terme de tes souffrances ? Hélas ! tu demandais au ciel une dernière consolation ; si tu l'as obtenue, ton ame reposera plus tranquille ! »

Livrée à ces mélancoliques réflexions, mistriss Oven, seule dans son appartement, versait des larmes que lui arrachaient de pénibles souvenirs. En ce moment on vint l'avertir de l'arrivée de deux carrosses : elle parut surprise et inquiète, car la solitude de Belmore était rarement troublée. La comtesse de Morinsdale, qui habitait ce château depuis environ dix-sept ans, avait quitté l'Angleterre pour l'Ecosse sans que personne, à l'exception de mistriss Oven, connût les véritables motifs qui l'y avaient déterminée. Milady était alors sur le continent, et on ignorait l'époque de son retour. Belmore-Castle est tout-à-fait isolé; ses tours antiques s'élèvent majestueusement; un large fossé l'environne, et un pont-levis en facilite ou interdit l'entrée.

Mistriss Oven descendit dans la cour, et vit la marquise de Glanford accompagnée de son fils et de ses deux filles. La marquise avait épousé le frère de lady Morinsdale, et n'avait point vu sa belle sœur depuis que celle-ci demeurait en Ecosse. Le marquis était à Londres où l'avaient retenu les affaires du parlement; et sa famille, après un séjour de quelques mois à Belmore-Castle, devait le rejoindre pour retourner avec lui à leur résidence du pays de Galles.

Mistriss Oven annonça que milady était en France. A cette nouvelle la marquise fit éclater beaucoup d'humeur.

« En France ! répéta lady Colma, sa fille aînée ; voilà bien le plus ridicule des contre-temps ! » Ensuite elle s'écria : « Que ces tours sont effrayantes ! quel bâtiment gothique ! »

— « Cette noble architecture, dit sir Ethelbert, est, à mon avis, préférable aux vains ornemens de nos édifices modernes. »

— « Je pense comme vous, mon frère, dit l'aimable Elvina. »

Mistriss Oven les introduisit dans la grande salle du château, et les quitta pour faire préparer le thé.

Lady Colma s'adressant à sa mère, lui dit d'une voix languissante : « Je ne puis me persuader, madame, que nous passions trois mois dans cette forteresse, qui vraisemblablement a été construite pour des prisonniers d'état : je crois déjà y être depuis un siècle, et je me sens accablée de vapeurs. »

— « Je vous plains ma sœur, dit sir Ethelbert avec l'expression d'une équivoque pitié ; cependant il me semble que vous devriez être accoutumée à une maladie qui vous suit par-tout. » Il sortit en achevant ces mots.

Lady Colma haussa les épaules, et revenant à sa première idée : « Puisque lady Morinsdale est en France, que ferons-nous dans cette prison ? ne vaudrait-il pas mieux retourner à Londres ?»

— « Vous savez que des raisons particulières ont déterminé notre voyage en Ecosse, répondit la marquise : il est fâcheux que milady soit absente, mais son retour ne peut tarder beaucoup ; je le demanderai à mistriss Oven. »

— « Est-ce là cette femme qui gouverne Belmore-Castle, et dont le père était intendant chez le marquis mon aïeul ? »

— « C'est elle-même. On la maria fort jeune à un ministre de village, qui mourut peu de jours après, et lorsque votre tante eut épousé le comte de Morinsdale, elle la suivit, je ne sais trop en quelle qualité ; depuis cette époque elle ne l'a point quittée. »

— « Son éducation paraît avoir été très-soignée, remarqua lady Elvina. »

— « Pour moi, dit lady Colma, je ne vois rien de naturel dans ses manières ; elle veut se donner les airs d'une femme de qualité, mais il est impossible d'acquérir ce qui n'appartient qu'à la haute naissance. »

— « Que ce soit là une règle, j'y consens, reprit Elvina ; il n'en est pas moins vrai que les manières de mistriss Oven ne messiéraient pas à bien des femmes de qualité. »

Lady Colma fit un geste d'étonnement ; mais elle ne daigna point relever une pareille *extravagance*.

Mistriss Oven étant rentrée, la marquise lui dit : « Ma sœur nous a beaucoup négligés ; cependant elle a su combien nous avons été sensibles à ses malheurs. »

Mistriss Oven soupira et ne répondit rien.

« Sera-t-elle bientôt de retour ? continua la marquise. »

— « Je l'ignore, milady. »

— « C'est, sans doute, pour voir sa fille, qu'elle a entrepris ce voyage ? »

— « Oui, milady. »

— « Y a-t-il long-temps qu'elle est partie ? »

— « Quinze jours, milady. »

Aux réponses laconiques de mistriss Oven, la marquise et lady Colma sourirent de concert.

« Quel est maintenant le nom de ma nièce ? Je veux dire son nom de religieuse. »

— « Elle s'appelle Sainte-Adélaïde, répondit mistriss Oven. »

« Cette inclination d'Ophélia pour la vie religieuse a paru bien extraordinaire, poursuivit la marquise. »

— « Il y en a qui soupçonnent du mystère dans cette vocation, ajouta lady Colma en fixant sur mistriss Oven un regard observateur. »

Mistriss Oven baissa les yeux en silence. On apporta le thé , et un domestique fut chargé d'avertir sir Ethelbert.

« Je viens de faire une heureuse découverte, dit-il en entrant ; quelle est cette jeune personne qui pince de la harpe dans un appartement reculé ? »

— « C'est ma nièce Valéria , répondit mistriss Oven à qui s'adressait cette question. »

— « Elle pince de la harpe et se nomme Valéria ? dit lady Colma d'un ton ironique ; voilà un nom bien romanesque et une occupation tout-à-fait analogue. »

— « L'un et l'autre sont charmans, dit sir Ethelbert. »

— « Charmans ! reprit lady Colma ; il faut donc mettre à part les convenances. »

Elle prononça ces derniers mots en baissant la voix. Ethelbert allait répliquer, lorsque la marquise s'informa du nom des personnes qui formaient la société de sa belle-sœur.

« Milady vit très-retirée , lui répondit

mistriss Oven ; elle voit quelquefois lady Odoverne et lady Sudeley, dont les châteaux sont voisins de celui-ci. »

Lady Colma observa qu'il serait affreux de vivre à Belmore - Castle sans société ; puis traînant un soupir, elle se plaignit de la fatigue que lui avait fait éprouver un si long voyage. Aussitôt la marqnise demanda des appartemens pour elle et ses filles, et mistriss Oven s'empressa de les conduire dans ceux qu'on avait disposés.

Demeurée seule, elle s'abandonna à de nouvelles et tristes réflexions : la connaissance qu'elle avait du caractère de la marquise pouvait sans doute lui faire craindre des relations avec cette femme hautaine, surtout en l'absence de lady Morinsdale ; mais ses inquiétudes étaient fondées sur des motifs plus importans, sur des raisons enveloppées d'un impénétrable mystère.

CHAPITRE II.

L'APPARTEMENT de Valéria faisait partie de l'une des tours qui dominent sur un vaste jardin ; elle pinçait, en effet, de la harpe, à sa fenêtre, lorsque sir Ethelbert l'aperçut en se promenant ; mais elle ne l'avait point remarqué et ne savait rien d'une arrivée si imprévue. Tout-à-coup Johanna, sa femme de chambre, entra chez elle en s'écriant d'un air joyeux : « Ah ! mon dieu ! madame, quelle tranquillité, lorsque tout est en mouvement dans le château ! »

— « De quoi s'agit-il, demanda Valéria ? »

— « D'un événement extraordinaire pour les habitans de Belmore-Castle ; oui, madame, nous voilà, dieu merci, en nombreuse compagnie ; plusieurs maîtres, une foule de domestiques.... »

— « Tu mets ma patience à l'épreuve, interrompit Valéria. »

— « Sachez donc, madame, que la belle-sœur de milady, la marquise de Glanford, vient d'arriver avec ses deux filles et son fils, le plus beau jeune homme que j'aie vu de ma vie. »

Valéria ne put s'empêcher de sourire à cette remarque.

« La plus jeune lady, poursuivit Johanna, ressemble beaucoup à son frère, et je la crois aussi affable que lui ; mais les deux autres ont une apparence de fierté qui ne prévient pas en leur faveur. »

La porte était restée entr'ouverte, et Valéria vit quelqu'un s'avancer.

« C'est le jeune lord, dit tout bas Johanna. »

« Permettez, madame, dit en entrant sir Ethelbert, que je profite d'un si heureux hasard : je visitais les appartemens de ce château ; il y en a de magnifiques ; mais combien celui-ci, dans sa simplicité, me paraît préférable ! »

Valéria se leva en rougissant, et Johanna s'empressa d'offrir un siége à sir Ethelbert.

« Est-ce par goût, madame, dit-il en s'asseyant, que vous avez choisi la partie du château la plus solitaire ? est-ce pour dérober vos charmes aux regards indiscrets ? Alors je pourrais dire comme mon poëte favori, le divin Tasso :

> « Quelle est dans l'univers la profonde retraite
> » Qui peut cacher toujours cette beauté parfaite?
> » Amour ne le veut pas. »

— « Il paraît, monsieur, que les ouvrages de votre poëte favori vous ont enseigné l'art de la flatterie. »

— » Moi, vous flatter, madame ! Ah ! de grâce, ne soupçonnez point ma sincérité et soyez plus juste envers vousmême ; miss Valéria ne saurait être flattée »

— « Veuillez m'épargner, monsieur, ou je croirai. . . . . . . »

Valéria fut interrompue par une voix douce qui s'écriait : Ethelbert ! Ethelbert ! »

Il sortit, et aperçut dans le corridor

lady Elvina qui lui dit : « Ah ! je vous trouve enfin. Où donc étiez-vous caché ? Maman et ma sœur ont jugé à propos de sommeiller, mais moi, qui suis très-éveillée, je vous cherche depuis une demi-heure pour visiter avec vous l'intérieur du château. Dites-moi, mon frère, ajouta-t-elle malignement, étiez-vous occupé à considérer quelque vieux portrait de famille ? »

— « Non pas un vieux portrait, répondit Ethelbert, mais un jeune et charmant original. »

En disant ces mots il prit la main de sa sœur, et ils entrèrent dans la chambre de Valéria.

« Madame, lui dit-il, voici ma sœur, lady Elvina, qui vient vous offrir son amitié, et qui sera charmée d'obtenir la vôtre. »

— « Oui, miss, ajouta lady Elvina d'un air plein d'aisance et de grâce ; mon frère est toujours le fidèle interprète de mes sentimens et de mes vœux. »

— « Madame, répartit Valéria, vous me voyez surprise autant que flattée d'un honneur auquel je n'ai pas dû m'attendre, et je ne sais comment répondre. . . . . . »

« Allons, dit gaîment Ethelbert, l'amitié n'exige point de complimens ; je suis d'avis que, pour commencer des nœuds si doux, lady Elvina et miss Valéria s'embrassent cordialement et sans façon. A merveille ! et le pauvre Ethelbert, ajouta-t-il d'un air moitié plaisant, moitié sérieux, on ne le croit pas digne de participer à une amitié formée sous ses auspices. »

— « Artificieux Ethelbert ! voilà donc où vous en vouliez venir, dit en riant lady Elvina ; c'est votre intérêt qui vous faisait agir. Néanmoins il ne faut pas risquer de vous avoir obligation ; qu'en pense miss Valéria ? Elle sourit : c'est un consentement. Participez donc, sir Ethelbert, *à une amitié commencée sous vos auspices.* »

Il embrassa tendrement sa sœur et

baisa respectueusement la main de Valéria : ensuite nos trois jeunes amis s'engagèrent dans une conversation qui ne
fut interrompue que par l'arrivée de
mistriss Oven. Un mouvement de surprise lui échappa en voyant lady Elvina
et sir Ethelbert ; mais soudain, prenant
un ton gracieux, elle les remercia de
l'honneur qu'ils *faisaient à sa nièce*.
Après quelques instans, le frère et la
sœur se retirèrent enchantés de leur
nouvelle connaissance.

Mistriss Oven dit à Valéria qu'elle
souhaiterait, pour leur satisfaction com-
mune, que la marquise et lady Colma
fussent aussi bien disposées en sa faveur
que lady Elvina et sir Ethelbert. Valéria
témoigna beaucoup d'étonnement.

« Je puis me tromper, poursuivit
mistriss Oven, mais j'ai cru entrevoir
des passions qui peut-être ne tarderont
pas d'éclater : quoi qu'il en soit, Valéria, je vous engage à vous observer en
présence de ces deux dames. Il est inutile que je vous avertisse de ne plus re-

cevoir sir Ethelbert dans votre appartement ; vous savez ce que défend ou
permet la bienséance, et je m'en rap-
porte à votre prudence ordinaire. »

— « Guidée par vous, ma chère tante,
répondit Valéria, puis-je m'égarer jamais ! Mon entière déférence à vos
conseils, ma soumission à tous vos dé-
sirs ne m'acquittent que bien faiblement
de tout ce que je vous dois. »

Quelques larmes vinrent mouiller les
yeux de mistriss Oven, et elle se hâta
de sortir afin que Valéria ne s'aperçut
point de son émotion.

CHAPITRE III.

Le lendemain, dès que le jour parut, Valéria se leva pensive et abattue. De vagues inquiétudes avaient troublé son sommeil; il lui semblait toucher au terme de sa tranquillité et voir s'ouvrir devant elle une nouvelle carrière hérissée d'obstacles insurmontables.

La famille Glanford étant réunie, Valéria fut présentée par mistriss Oven. La marquise la salua avec une dignité qui semblait affectée; lady Colma lui fit un accueil froid et presque dédaigneux, mais sir Ethelbert et lady Elvina lui prodiguèrent les témoignages du plus tendre intérêt. La marquise les regardait avec humeur, et, d'un coup d'œil sévère, elle fit sentir à la douce Elvina que cette familiarité lui déplaisait. Valéria servit le thé d'une main mal assurée et feignit de ne point remarquer les sourires équivoques de lady Colma, ni les regards hautains de sa mère. Une conversation qui devait singulièrement intéresser Valéria et piquer sa curiosité fut alors entamée par la marquise.

« Est-il bien vrai, dit-elle à mistriss Oven que sir Frédéric Sommerton ait péri dans les Indes ? »

— « On n'en saurait douter, milady. »

— « Quelle preuve en a-t-on, mistriss Oven ? »

— « Une disparition qui dure depuis dix-sept ans. »

— « N'était-il pas allé recueillir au Bengale la succession d'un riche parent ? »

— « Il est vrai, milady. »

— « Ma sœur a, sans doute, écrit au gouverneur du Bengale ? »

— « Oui, milady. »

— « Quelle réponse a-t-elle reçue ? »

Mistriss Oven parut embarrassée et dit avec hésitation : « Le gouverneur n'a pu donner aucun éclaircissement. »

— « Rien n'est plus extraordinaire, dit la marquise. » Elle réfléchit un moment et ajouta : « La mort de sir Frédéric n'est point certaine et il serait possible qu'il reparût un jour. »

Cette réflexion fit pâlir mistriss Oven.

« A propos, dit lady Colma, j'ai toujours désiré savoir pourquoi ma tante a quitté le nom de *Sommerton* pour reprendre celui de Morinsdale. »

Valéria ne put cacher un signe d'étonnement, et l'embarras de mistriss Oven fut encore plus manifeste. Lady Colma renouvela sa question qu'elle lui adressa directement.

« Le nom de Morinsdale fut toujours cher à milady, répondit enfin mistriss Oven ; d'ailleurs ses seconds liens furent sitôt brisés ! »

La surprise de Valéria croissait de plus en plus.

« C'est à peu près à la même époque, reprit lady Colma, que ma cousine Ophélia se fit religieuse en France. »

— « On dit qu'Ophélia était bien intéressante, ajouta sir Ethelbert, et sa perte a dû causer de longs regrets à lady Morinsdale. »

— « Sa retraite du monde donna lieu à de singuliers bruits , dit la marquise d'un air mystérieux. »

Un trouble évident se peignit sur le visage de mistriss Oven. « Oserai-je, dit - elle , demander à milady quels étaient ces bruits étranges. »

— « On prétendit que ma nièce avait conçu pour un jeune homme de la plus basse extraction un amour désordonné , et que dans son désespoir elle avait pris le parti d'embrasser la vie religieuse ; mais je n'ai point cru cette histoire ; le sang qui coule dans les veines d'Ophélia suffisait pour la préserver d'une passion si avilissante. »

— « Ah ! milady , vous lui rendez justice, s'écria mistriss Oven : lady Ophélia était vertueuse autant qu'infortunée. »

— « Autant qu'infortunée ! répéta la marquise ; que voulez-vous dire , mistriss Oven ? quel genre d'infortune ma nièce a-t-elle donc éprouvé ? »

Mistriss Oven fut interdite ; mais

s'apercevant que tous les regards étaient fixés sur elle, et qu'on attendait sa réponse, elle dit avec l'expression d'une profonde tristesse :

« Il est des souvenirs qui ne peuvent être rappelés sans causer une vive émotion. La comtesse douairière de Morinsdale avait élevé lady Ophélia dans la religion catholique et souvent elle lui parlait d'une de ses filles qui était religieuse en France : en même temps elle se plaisait à lui vanter le bonheur pur et la tranquillité dont on jouit loin d'un monde corrupteur. Après la mort de la comtesse, lady Ophélia fut amenée d'Irlande à Morinsdale-Castle ; mais bientôt nous la vîmes en proie au dégoût de la société ; pleurant son aïeule et regrettant le séjour paisible de son enfance, elle se refusait à tout ce qui aurait pu la distraire de ses idées mélancoliques. Enfin, elle déclara à sa mère que son unique désir était d'aller en France pour y prendre le voile. Milady s'opposa long-temps au vœu de sa fille ; inutile résistance !

une affreuse langueur menaçait les jours d'Ophélia, et sa mère fut forcée de consentir à un sacrifice dont elle ne se consolera jamais. »

La marquise se disposait à faire de nouvelles questions, lorsqu'on apporta de la part de lady Odoverne, deux cartes d'invitation dont l'une était pour la famille Glanford et l'autre pour mistriss Oven et sa nièce. Lady Odoverne ayant appris l'arrivée de la marquise et de ses enfans, les invitait, pour le soir même, à un bal où devait se trouver toute la noblesse des environs. Il fallut donc, sans délai, disposer toutes les choses nécessaires à la brillante parure qu'on voulait étaler. Déjà lady Colma jouissait en secret du plaisir de se distinguer, surtout par la nouveauté des modes qu'elle avait apportées de Londres ; mais lorsque la marquise lui eût fait oberver que mistriss Oven et sa nièce étaient priées au bal de lady Odoverne, sa joie fut un peu ralentie.

« Quelle étrange invitation ! s'écria-t-

elle ; comment ces femmes peuvent-
elles être admises dans une société si
relevée ? »

Après y avoir réfléchi, la marquise
et sa fille ne doutèrent plus que lady
Morinsdale, à son arrivée en Écosse,
n'eût présenté par-tout mistriss Oven
comme son égale et son amie. Un
pareil oubli des convenances les indi-
gnait au dernier point , et si elles
n'eussent eu d'invincibles raisons pour
ménager la comtesse, elles auraient
divulgué, dès ce jour même , la naissance de mistriss Oven et l'état servile
où jadis elle avait vécu. Mais lady Morinsdale ne leur eût jamais pardonné
cette indiscrétion qui aurait été pour
elle la source d'un affront irréparable.
Elles sentirent tout le poids d'une telle
considération , et l'orgueil blessé dut
céder à un intérêt plus puissant.

La conversation qui avait eu lieu
pendant le déjeûner offrait un champ
vaste aux conjectures de Valéria. Elle
avait ignoré jusqu'ici le second mariage

de lady Morinsdale et l'existence de sa fille unique : par quels motifs secrets lui avait-on caché tout ce qui concernait sir Frédéric et lady Ophélia ? comment, depuis près de dix ans qu'elle habitait Belmore-Castle , aucun mot prononcé devant elle n'avait-il trahi cet étonnant mystère ? Valéria se perdait dans un labyrinthe d'idées confuses , lorsque Johanna entra dans son appartement.

Cette jeune fille était curieuse et aimait à causer , mais elle avait pour Valéria un attachement sincère : frappée de son air inquiet et pensif, elle lui en demanda la cause et ajouta : « Ne m'en voulez pas , madame , si je ne vous ai pas confié ce que vous avez appris ce matin ; j'étais obligée au secret. »

Valéria lui demanda d'un air un peu sévère , comment le sujet de leur entretien était venu à sa connaissance.

« C'est Betty , la femme de chambre de lady Colma , qui m'en a instruite , répondit Johanna. »

— « Je craignais que vous n'eussiez

écouté, lui dit Valéria ; vous savez que je n'aime point ce manège. Au reste vous avez bien fait, Johanna, de ne pas révéler le secret dont vous parlez; je vois avec plaisir que vous ne manquez pas de discrétion. »

Johanna, ravie de la bonne opinion que sa maîtresse avait sur son compte, prit un air d'importance et dit avec le ton du mystère : « Il y a long-temps, madame, que je désire vous parler de lady Ophélia. »

— « Est-ce que tu as connu cette jeune infortunée ? »

— « Je l'ai connue, madame : dans ce temps milady n'habitait point l'Écosse; elle demeurait en Angleterre, non loin du pays de Galles. Lorsque lady Ophélia futre venue à Morinsdale-Castle, ma grand'mère, mistriss Aterson, qui l'avait nourrie, voulut bien un jour que je l'accompagnasse au château pour voir celle qu'elle appelait sa chère fille. Cette aimable lady m'embrassa plusieurs fois et me fit beaucoup de petits présens.

Sir Frédéric Sommerton, le second époux de milady me combla aussi de caresses. Quoique bien jeune alors, je me rappelle qu'il avait une figure charmante ; il était moins âgé que milady, mais cette différence se faisait à peine remarquer, tant milady conservait encore de fraîcheur et de beauté. Pour lady Ophélia, elle était belle et douce comme un ange ; c'est l'expression de ma grand'mère qui n'en parle jamais sans verser un torrent de larmes. Mistriss Aterson alla encore une fois à Morinsdale-Castle, mais à son retour elle me dit en sanglottant, que nous ne verrions plus sa chère fille, et je me mis à pleurer comme elle. Enfin lorsque j'eus acquis plus d'âge et de raison, elle me raconta que lady Ophélia était en France où elle avait voulu se faire religieuse ; elle m'apprit aussi la mort de sir Frédéric et ajouta que milady, accablée de ses malheurs, s'était retirée en Écosse dans un château isolé. Il vous souvient, madame, du jour où mistriss Oven arriva chez ma grand'mère pour vous conduire à Belmore-Castle. Après avoir dit à mistriss Aterson que désormais elle se chargeait de mon sort, votre tante m'appela dans son appartement et me tint un discours que je puis vous rapporter exactement, car il s'est gravé dans ma mémoire. « Johanna, me dit-elle, vous avez connu sir Frédéric Sommerton et lady Ophélia: l'un n'existe plus, et l'autre a voulu s'enfermer dans un cloître ; ces deux pertes ont brisé le cœur de milady, et son chagrin dure encore. En entrant à Belmore-Castle, oubliez, s'il se peut, le nom de deux personnes qui lui furent si chères ; ne le prononcez jamais devant elle, ce serait renouveler toutes ses douleurs. Vous allez être attachée au service de ma nièce Valéria ; je vous ordonne, Johanna, de lui laisser ignorer tout ce qui a rapport à sir Frédéric et à lady Ophélia, car l'enfance est indiscrète, et quand il faudra l'instruire de ces événemens, c'est un soin qui ne regarde que moi. Ainsi, Johanna, de votre circonspection dépend votre bien-être : songez que s'il vous arrivait de commettre la moindre imprudence, vous seriez à jamais privée des bontés de milady, et vous m'obligeriez à me repentir de tout ce que je fais pour vous. »

« Tel fut, madame, continua Johanna, le discours de mistriss Oven. Combien de fois, lorsque vous me parliez de la tristesse de milady ai-je été sur le point de déclarer ce que je savais ; mais, me rappelant aussitôt les ordres sévères de mistriss Oven, et craignant les suites de mon indiscrétion, je feignais d'ignorer la cause de cette mélancolie. Maintenant, madame, si j'osais vous faire part de mes soupçons......... »

— « Tu peux t'expliquer, lui dit Valéria. »

— « Eh bien ! madame, reprit-elle d'une voix basse et mystérieuse, je crois qu'on a forcé lady Ophélia d'entrer dans un couvent. »

Valéria, étonnée, lui demanda sur quoi elle pouvait fonder une conjecture si hardie.

Johanna se leva en silence, regarda avec précaution dans le corridor, et après avoir soigneusement fermé la porte, elle revint se placer auprès de Valéria.

« J'ai voulu, dit-elle, m'assurer s'il n'y avait personne dans ce vaste corridor; je serai plus tranquille. » Elle continua : « Vous n'avez point oublié, madame, cette cruelle maladie à laquelle milady faillit succomber. Un jour j'entrai dans son appartement pour remettre à votre tante une lettre qu'on venait d'apporter : milady avait les yeux égarés; dès qu'elle me vit, elle s'écria dans une agitation extrême : « Que vient-elle faire ici ? Chère Oven, hâtez-vous de la remener en France; mais ne dites point à la mère Sainte-Euphrasie, gardez-vous bien de lui dire que nous l'avons forcée...... » Mistriss Oven, saisie d'épouvante, s'empressa de me faire sortir

en me disant que milady avait un délire affreux. Lorsque j'eus réfléchi à l'exclamation de milady, je fus persuadée,
qu'elle concernait lady Ophélia, et je
ne pus m'empêcher de pleurer sur son
sort. »

— « Serait-il possible ! dit Valéria,
comme effrayée de ce qu'elle venait
d'entendre ; je me rappelle, en effet,
plusieurs circonstances...... Mais non,
cela [n'est pas croyable, et tes idées
vont trop loin, Johanna : pour avoir
surpris quelques mots vagues échappés
à une femme en délire, tu supposes
un fait qui, s'il existait....., Non, Johanna, elles sont incapables d'une action
si criminelle. »

— « Dieu me garde, s'écria Johanna,
de penser rien de tel sur le compte
de milady et de mistriss Oven ! cela
siérait-il à une pauvre fille qui reçoit
tant de marques de leur bonté ; mais....»

— « C'en est assez, interrompit Valéria ; ton imagination s'égare quelquefois. Ma tante a raconté, ce matin,

l'histoire de lady Ophélia, et je ne puis douter de la sincérité de mistriss Oven. Ainsi, Johanna, craignons d'outrager par de fausses conjectures des personnes dignes de tout notre respect, et dont la vertu ne doit jamais être scoupçonnée. »

Johanna ne répondit rien, mais ses doutes ne furent point détruits, et elle laissa sa maîtresse en proie à de nouvelles incertitudes.

Le trouble et l'embarras de mistriss Oven aux diverses questions de la marquise, avaient produit sur l'esprit de Valéria une impression fâcheuse qui venait d'être augmentée par l'étrange récit de Johanna ; et malgré ce qu'elle avait dit à cette fille pour détourner ses soupçons, elle-même ne pouvait commander à ceux qui l'obsédaient. La sombre et continuelle mélancolie où étaient plongées lady Morinsdale et mistriss Oven, leur mystérieuse réserve, le silence prescrit à Johanna, tout semblait annoncer qu'il y avait entre

elles un secret terrible, qui empoison-
nait leur existence. Mais cette tristesse
si remarquable n'avait-elle pas une
cause naturelle dans la perte d'un époux,
et d'une fille unique si chers à milady ?
On ne pouvait guères former cette conjecture ; car le temps efface toutes les
douleurs.....toutes les douleurs, excepté
le remords ! Si c'était le remords qui
tourmentât leur conscience ! .... A cette
pensée Valéria sentit un frémissement,
et ses yeux se mouillèrent de larmes
en se représentant cette jeune et charmante Ophélia, ravie aux grandeurs,
aux plaisirs de son âge, et quittant
sa patrie pour embrasser un joug involontaire. « Ah ! s'écria-t-elle, chas-
sons enfin ces idées importunes, je
serais trop coupable si je m'y arrêtais
plus long-temps. »

Telles étaient les sensations pénibles
qu'éprouvait Valéria : il est si cruel
de voir s'élever le moindre nuage contre
la vertu de ceux qu'on est accoutumé
à honorer !

CHAPITRE IV.

Les dames de Glanford dans tout l'éclat de leur parure, sortirent de Belmore-Castle sans s'être informées si mistriss Oven et sa nièce iraient aussi chez lady Odoverne. Sir Ethelbert les accompagnait à cheval.

Une demi-heure après leur départ, mistriss Oven et Valéria montèrent dans le carrosse de lady Morinsdale. Elles étaient rêveuses et gardaient un profond silence. Enfin mistriss Oven dit à sa nièce : « La conversation qui a eu lieu ce matin vous a fait sans doute éprouver de l'étonnement : on vous a laissé ignorer le second mariage de milady et l'existence de sa fille ; mais de quelle utilité cette connaissance aurait-elle été pour vous ? elle n'eût pu que vous affliger et vous exposer, si jeune encore, à commettre devant milady quelque indiscrétion involon-

taire, qui eût aussitôt rouvert les bles-
sures de son cœur. Ainsi, Valéria, ne
vous livrez point à d'inutiles coujectures:
souvent ce qui paraît extraordinaire et
mystérieux n'est en effet que simple
et naturel. »

Valéria se contenta de cette explication et ne se permit aucune question
qui aurait pu faire connaître à sa tante
que divers soupçons avaient agité son
esprit. Elles arrivèrent bientôt à Odo-
verne-Castle où tout offrait le spectacle
varié du luxe et des plaisirs. Miss Oven
était vêtue d'une robe de taffetas blanc,
garnie au bas de roses blanches artifi-
cielles, où s'entre-mêlaient des feuilles
verdoyantes ; une guirlande des mêmes
fleurs accompagnait ses cheveux ; une
ceinture verte marquait sa taille délicate.
Valéria, ainsi vêtue, était ravissante, et
quand elle parut dans le salon de lady
Odoverne, elle attira tous les regards.
Lady Colma, dont la parure offrait moins
de goût que de faste et de richesse, avait
d'abord jeté sur Valéria un coup d'œil dé-

daigneux ; mais lorsqu'elle la vit l'objet de l'attention générale, elle ne put maîtriser un sentiment de jalousie, et la rougeur du dépit vint colorer son visage.

A l'aspect de Valéria, sir Edmond Donald, dit avec admiration : « Quelle physionomie touchante ! c'est l'ange de la mélancolie. »

—« Ou celui de l'espérance, dit le vieux comte de Malsbury. »

— « Vous avez raison, Milord, reprit sir Edmond ; son ajustement, sa situation particulière....... Oui, ajouta-t-il, avec un enthousiasme poétique, c'est la divine espérance.

« Sans elle on ne peut vivre ; elle enchante les cœurs ;
» Avec elle du sort on brave les rigueurs. »

— « Tout cela est fort beau, dit le jeune duc d'Irton; mais ces vers passionnés, ces comparaisons merveilleuses ne m'apprennent point qui est réellement cette adorable créature : hâtez-vous de me le dire, milord-comte, ou je vais le lui demander à elle-même. »

— « Vous le pouvez, répondit lord

Malsbury avec l'accent de l'ironie ; un homme de votre rang n'a-t-il pas le droit de se dispenser de toute bien-séance? Néanmoins, comme la duchesse m'a prié de servir de mentor à son fils, je ne souffrirai pas une si grave impolitesse. » Puis, en imitant le ton emphatique de sir Edmond, il ajouta : « Sachez, milord, que cette jeune lady est la céleste Valéria, l'unique héritière de l'illustre maison de Morinsdale. »

— « Sur mon honneur, milord, répondit en ricanant le duc d'Irton, je crois que vous êtes amoureux de cet ange ; mais si j'osais donner un avis à mon mentor, je lui dirais qu'à son âge il ne sied guères d'aimer, et qu'il risque de perdre son temps et ses soupirs auprès de la céleste Valéria. »

— « Si elle a autant de jugement que de beauté, répartit le comte, son choix pourrait-il balancer entre un vieillard et tel jeune homme de ma connaissance, plus amoureux de lui-même qu'il ne le serait de sa femme.

— « Ainsi, milord-comte, vous aspirez à devenir le Tithon de cette nouvelle Aurore ; je souhaite qu'elle puisse vous rajeunir. »

En disant ces mots lord Irton fit une pirouette, et alla auprès de miss Oven et de miss Malvina Odoverne qui étaient assises l'une à côté de l'autre.

« Le fat ! dit lord Malsbury ; je voudrais bien que miss Valéria pût lui donner une bonne leçon. »

Le jeune duc s'adressant à Valéria lui dit avec une politesse affectée et mêlée d'ironie : « Madame, j'ai failli avoir une querelle à cause de vous, car cette salle fourmille de vos admirateurs, et l'on y trouve par-tout des rivaux : c'est sir Edmond Donald, c'est le vieux comte de Malsbury et mille autres encore. Les uns soutiennent que vous êtes l'ange de la mélancolie, d'autres vous nomment la divine espérance. Ah ! si vous êtes en effet cette divinité si chère aux humains, daignez jeter un regard favorable sur le plus fervent de vos adorateurs. »

Valéria, surprise au dernier point, daigna lever ses beaux yeux, et répondit d'un ton imperceptiblement railleur : « Si c'est à moi, milord, que s'adresse un pareil langage, il faut que j'avoue qu'il m'est impossible d'y rien comprendre ; mais loin de vous demander un éclaircissement, je vous prie de me l'épargner, et je consens volontiers de passer dans votre esprit pour manquer de pénétration et même d'intelligence. »

— « Charmante réponse, dit lord Malsbury qui s'était approché sans être vu du jeune Irton. Hé bien ! milord, qui vous arrête en si beau chemin, vous qui avez la répartie si vive, l'imagination si brillante ? »

— « Je veux bien, répondit lord Irton, que la réplique soit charmante ; mais ce ton ne conviendrait-il pas mieux à la caustique miss Harvel qu'à l'ange de la mélancolie ? Ne sortez point de votre

caractère, céleste Valéria, et vous ob-
tiendrez sur les sentimens du duc d'Irton
un triomphe plus facile et plus assuré. »

— « Ceci est moins obscur, dit Valéria en se levant et prenant la main
de miss Odoverne : venez, chère Malvina, et faisons voir que nous n'avons
pas l'audace de prétendre au triomphe
d'un cœur dont le mérite sans doute
est égal à sa modestie. »

Le duc d'Irton, déconcerté, mêla
un rire forcé aux éclats de lord Malsbury qui, voyant passer miss Harvel,
lui dit avec empressement : « Daignez
vous arrêter ici, madame, et veuillez
consoler un peu le duc d'Irton qui vient
d'éprouver un *désappointement* com-
plet. »

— « Qu'est-il arrivé ? demanda miss
Harvel. »

—« Milord va vous le raconter, répondit lord Malsbury ; pour moi, je vais
faire ma partie de wisk. N'oubliez pas
cette leçon, milord-duc. »

— « Parlez donc, milord, dit miss

Harvel au duc d'Irton; vous paraissez confondu. »

—« Ce n'est rien, répondit-il; j'ai voulu m'amuser aux dépens de cette miss *Verdoyante* qui, vraisemblablement, porte sur elle la livrée de sa maison; mais, sur mon honneur, je crois qu'elle a l'esprit plus mordant que miss Harvel, et que son orgueil égale au moins celui de la duchesse d'Irton. »

— « Je voudrais savoir, dit miss Harvel, sur quoi peut se fonder la fierté de miss Oven. »

—« Qui vous parle de miss Oven, répliqua le jeune duc avec impatience? Il est question de la jeune héritière de Morinsdale, lady Valéria. »

— « Est-ce que vous rêvez, milord? dit miss Harvel, en éclatant de rire. Qui vous a fait de pareils contes? sachez que cette prétendue lady est tout simplement la nièce de mistriss Oven, femme absolument inconnue, et qu'elles vivent l'une et l'autre dans la dépendance de lady Morinsdale. Comment avez vous pu , milord, vous laisser berner par une créature de cette espèce? »

— « C'est une mauvaise plaisanterie de ce vieux fou de lord Malsbury, qui a été cause de mon erreur, lui répondit lord Irton ; mais, sur mon honneur, il me le paiera. Au surplus, cette créature, ainsi que vous l'appelez, se nuit à elle-même : quand une femme a de la jeunesse et de la beauté, elle a tort d'employer des armes dont à peine elle est excusable de se servir à l'âge où elle cesse de plaire. »

Lord Irton appuya sur ces derniers mots en regardant fixement miss Harvel.

— « Je suis de votre avis, milord, dit-elle avec dépit : le ton satirique ne convient pas plus à une jeune femme que la fatuité à un homme d'un rang distingué. Ainsi, *n'oubliez pas cette leçon, milord-duc.* »

En ce moment on avertit que le bal allait s'ouvrir. Chacun se disposa à passer dans la salle voisine, et sir Ethelbert vint chercher Valéria qui devait figurer avec lui dans la première contre-danse. La marquise de Glanford ne put voir sans inquiétude cette préférence de son fils en faveur de miss Oven. Elle avait entendu lord Malsbury qualifier Valéria d'héritière de Morinsdale : ces mots, dits en plaisantant, furent pour elle comme un trait de lumière qui éclaircit tout-à-fait ses soupçons et confirma ses craintes. Dès ce moment elle jura une haine implacable à l'innocente Valéria.

La danse était commencée : miss Oven déploya, sans affectation, toute la noblesse de son maintien, toutes les grâces qui lui étaient naturelles; ses traits s'animèrent davantage ; mais elle conserva cette mélancolie enchanteresse qui semblait faire partie de son existence et qui formait le plus touchant contraste avec le genre de plaisir auquel elle se livrait. Sir Ethelbert était ravi d'admiration, et ne voyait que Valéria. Loin d'employer ce jargon *sentimental*, ces expressions flatteusement exagérées dont on se plaît à fatiguer les oreilles d'une femme jeune et belle, il parlait à miss Oven sur le ton du véritable sentiment, et tout ce qu'il disait semblait partir du fond de son cœur. Un sourire charmant naissait sur les lèvres de Valéria ; dans ses yeux brillait une douce satisfaction.

« Voilà certainement un beau couple, observa lady Sudeley, en montrant Ethelbert et Valéria. J'aime la parure simple de cette jeune miss, elle relève encore ses attraits. »

— « C'est une simplicité bien recherchée, dit l'envieuse miss Harvel. »

— « Que dites-vous, ma chère ? répliqua lady Sudeley ; je ne vois aucune prétention dans la parure de miss Valéria : ces roses conviennent parfaitement à son âge. »

— « Et cette couleur verte à sa position, ajouta malignement miss Harvel. »

— « Cette couleur est, dit-on, l'emblème de l'espérance, répartit lady Sudeley. Heureux qui peut espérer encore !

tout le monde n'a pas cet avantage,
miss Harvel. »

Miss Harvel, qui avait vu s'écouler
le printemps de son âge, sentit tout
ce que cette réflexion avait de piquant
pour elle. Outrée de dépit, elle se disposait à répondre avec aigreur ; mais
lady Sudeley s'était levée pour se placer
à une table de jeu. Se trouvant seule,
miss Harvel alla se ranger auprès de
la marquise de Glanford. Lady Odoverne, qui venait de la quitter, l'avait
instruite du caractère mordant de cette
miss qu'elle n'aimait pas, quoiqu'elle
l'eût invitée à son bal : c'est ainsi qu'on
a souvent des égards publics pour des
personnes qu'on déteste ou qu'on mé-
prise en secret.

Après quelques instans d'une conversation insignifiante, la marquise demanda à miss Harvel le nom du jeune
baronnet qui dansait avec lady Elvina.

« C'est sir Edmond Donald, répondit
miss Harvel : remarquez-vous, milady,
son air préoccupé? Possédé de la manie

de se croire poëte, sir Edmond voudrait le persuader aux autres; mais malheureusement il est seul de son avis. Je gagerais qu'il n'a encore parlé qu'en vers à lady Elvina. Pauvre sir Edmond! N'a-t-il pas quelque ami qui l'avertisse charitablement du ridicule qu'il se donne dans le monde?

» Ce vieux seigneur que vous voyez à cette table de jeu, continua miss Harvel, c'est le comte de Malsbury, intime ami de la duchesse d'Irton. Ils sont bien faits l'un pour l'autre : infatués de leur noblesse, égoïstes, durs et despotes envers leurs inférieurs, se croyant au-dessus de leurs égaux, tous deux sont généralement détestés.

» Voyez - vous, milady, ce jeune homme qui s'admire en dansant, et qui semble ne voir que son mince individu? C'est lord Irton, fils unique de la duchesse. On dit qu'il a le cœur bon, et, sous ce rapport, il ne tient pas de sa mère; mais il est fat et impertinent au suprême degré, et je suis sûre que mon laquais est plus poli que le duc d'Irton. »

La marquise applaudit au rare talent de miss Harvel pour tracer des portraits, et sut l'engager, d'un air indifférent, à parler de sir Georges et de lady Odoverne.

« Sir Georges, répondit miss Harvel, est un intrépide chasseur ; on ne lui connaît guères d'autre mérite. Quant à milady, elle aime le faste, la représentation ; sa maison est pleine d'une foule de domestiques inutiles ; elle cherche à couvrir ce qui lui manque du côté de la naissance par un luxe désordonné et par des manières qu'elle croit distinguées : vains efforts ! Dans l'épouse du noble baronnet, on reconnaît toujours la fille du riche marchand d'Edimbourg.

» Cette jeune miss, qui porte un ajustement si bizarre, est leur fille unique ; elle s'appelle Maria : mais ce nom est si vulgaire et miss Odoverne a des idées si sublimes ! elle a donc adopté le nom de Malvina. Elle sait par cœur les poésies du barde écossais, et si vous avez une conversation avec elle , vous l'entendrez citer à tout propos les sombres forêts de la Calédonie , ses éternels brouillards et la harpe d'Ossian ; enfin c'est un véritable délire. On parle d'un mariage entre elle et sir Edmond Donald ; ce sera bien le couple le plus ridicule qui existe dans les trois royaumes.

» Vous regardez , milady, cette femme dont les manières sont si communes et l'air si hardi : c'est une française qui , malgré ses parens , a épousé lord Dunghal. Cette lady , d'une espèce nouvelle , ne dément point le caractère de sa nation ; et chacun sait que pour trouver sans peine des modèles de frivolité , d'inconséquence et de sottise, il faut traverser le canal. »

La marquise sourit, et miss Harvel continua : « On prétend que lord Dunghal meurt tous les jours du regret d'avoir épousé cette femme ; il le mérite bien : c'est le juste châtiment de sa *francomanie.*

» J'oubliais, milady, de vous faire

connaître lady Sudeley, celle qui tient le milieu à cette table de wisk. On assure qu'elle est plus heureuse au jeu qu'il ne convient à une personne intègre. Veuve de son second mari, elle ne se refuserait pas au plaisir d'en faire mourir un troisième par son humeur bizarre et tyrannique. Impérieuse, opiniâtre, elle fait vanité d'être toujours d'un avis contraire à celui des autres : tout-à-l'heure elle s'extasiait sur la parure de miss Valéria, parce que je la trouvais recherchée, quoique ayant l'apparence de la simplicité. »

— « A propos, dit la marquise, que pense-t-on sur le compte de mistriss Oven et de sa nièce ? »

— « Il n'est pas facile, milady, de satisfaire à cette question, répondit miss Harvel avec un air de réserve. Belmore-Castle est l'asile du mystère ; cependant j'ai appris, depuis peu, certaines particularités. . . . . »

— « Chère miss Harvel, interrompit la marquise d'un ton affectueux, ce lieu

n'est pas propre à une telle confidence :
venez demain à Belmore-Castle, et vous
pourrez. . . . . . »

— « Parlons plus bas, interrompit à
son tour miss Harvel : lady Sudeley
vient de passer derrière nous ; cette
femme est toujours aux écoutes. » Elle
ajouta, d'une voix plus basse encore,
quelques mots auxquels la marquise répondit :

« Soyez sans crainte à ce sujet : qui-
conque oserait vous faire une impolitesse aurait lieu de s'en repentir. »

Sur la fin du bal, lady Elvina ayant
trouvé le moyen de joindre Valéria,
lui dit de ne point l'accuser de négli-
gence ou de froideur ; que si elle était
libre, elle voudrait ne pas la quitter un
instant ; mais que son argus de sœur
veillait sur toutes ses démarches, afin
d'en instruire sa mère, et que. . . . . . »

Elvina se sentit frapper légèrement
sur l'épaule ; elle se tourna et vit sa
sœur qui lui dit d'une voix aigre : « A
quoi pensez-vous, Elvina ? La contre-

danse va commencer et le duc d'Irton vous cherche par-tout; mais un si doux entretien vous fait oublier jusqu'à la bienséance. »

Le duc d'Irton s'approcha, prit avec respect la main d'Elvina, et jeta, en passant, un regard dédaigneux sur miss Oven, qui n'eut pas l'air de le remarquer. Sir Edmond Donald vint lui demander la faveur de danser avec elle; c'était la dernière contre - danse , et Valéria se trouva placée vis - à - vis de lord Irton. Celui-ci , pour se venger de la petite mortification que lui avait fait essuyer celle qu'il regardait maintenant comme une fille sans naissance, se hâta de changer de place. Sir Edmond, qui s'aperçut de cette impolitesse , voulait en demander raison au jeune duc; mais Valéria le supplia de n'en rien faire, quoiqu'elle se sentît intérieurement affectée de cette marque de mépris. Lady Elvina, par un signe expressif, lui fit connaître combien elle était indignée, et, durant toute la contre-danse, elle garda un air sérieux que le duc d'Irton lui reprocha plusieurs fois.

Après le bal on servit une collation splendide , et lady Odoverne engagea toute la compagnie à passer la nuit au château. Quelques-uns, et entre autres mistriss Oven et sa nièce, se refusèrent aux empressemens de milady et quittèrent Odovernc-Castle, où les divertissemens se prolongèrent jusqu'à la naissance du jour.

+◄◆►+

CHAPITRE V.

Le fidèle Tom, qui conduisait mistriss Oven et sa nièce, avait aperçu dans l'obscurité un cavalier qui suivait de près leur voiture. A peu de distance du château, ce mystérieux inconnu s'arrêta, et, avec toute la vîtesse de son cheval, il s'éloigna en reprenant le même chemin. Tom, craignant d'inquiéter les deux dames, ne les avait point averties, *dans la route,* de cette circonstance singulière : ce ne fut qu'à leur arrivée qu'il en parla, en ajoutant qu'il avait cru reconnaître sir Ethelbert.

« Charmant jeune homme ! dit mistriss Oven ; avec quelle délicatesse il cherche à réparer les mauvais procédés de sa mère et de sa sœur !

Valéria, non moins sensible à cette attention de sir Ethelbert, répéta : « Charmant jeune homme ! » Mais une réflexion secrète la fit rougir, et elle se retira dans son appartement.

Durant son sommeil, mille objets bizarres vinrent troubler son imagination; et elle fit un rêve affreux, que le lendemain elle raconta à Johanna. Il lui avait semblé voir sa mère qu'elle n'avait jamais connue, sa mère qui, vêtue d'une longue robe et le front couvert d'un voile semblable à ceux que portent les vierges du Seigneur, lui avait adressé ces paroles terribles : « O ma fille ! ainsi que moi tu mourras malheureuse ! » A ces mots, elle avait entraîné Valéria dans une chapelle en ruine où se trouvaient plusieurs tombes, et, en étendant le bras, elle lui avait dit : « Voilà la tienne ! » Tout-à-coup Valéria crut voir mistriss Oven et un jeune homme pâle et défait s'élancer au milieu des ruines; ils étaient poursuivis par une femme en fureur qui les menaçait de sa vengeance. A la voix de cette femme, une des tombes se souleva et engloutit mistriss Oven ; la tombe désignée pour

Valéria s'ouvrit aussi , et malgré ses efforts , malgré ceux du jeune homme, l'implacable furie les y avait précipités l'un et l'autre. Au récit de ce songe effrayant , Johanna ne put s'empêcher de frémir, et dès ce moment elle augura en secret que Valéria éprouverait de grandes infortunes.

La marquise et ses enfans arrivèrent sur le soir, et mistriss Oven fut extrêmement surprise lorsqu'elle les vit accompagnés de miss Harvel. On a déjà pu juger du caractère de cette miss , mais nous allons la faire connaître plus amplement.

Miss Harvel, dans sa jeunesse, avait passé pour être belle. Demeurée orpheline à l'âge de quinze ans , privée des conseils d'une mère sage et prudente, elle avait négligé le soin de sa réputation. Dans les sociétés qu'elle fréquentait, on la voyait sans cesse environnée d'un essaim d'adorateurs qu'attirait surtout son humeur facile et enjouée. Peut-être n'y avait-il alors que de la légèreté dans sa conduite ; mais il ne suffit pas qu'une femme soit vertueuse, la modestie dans les manières doit toujours accompagner la pureté des mœurs. A cette époque miss Harvel avait reçu des offres brillantes de mariage, qu'elle avait constamment rejetées : possédant une fortune considérable, aimant sa liberté, elle ne voulait point s'assujettir à la tyrannie d'un époux, et croyait pouvoir perpétuer son triomphe sur les cœurs soumis à son empire. Plus tard elle distingua un jeune baronnet qui, par des dehors charmans, avait fait impression sur son ame, et malgré sa répugnance à former des nœuds qu'elle regardait comme un esclavage, elle s'était décidée à l'épouser ; mais la mère de son amant refusa de consentir à cette union : ce qui fut pour miss Harvel un grand sujet de chagrin. Pour se consoler, elle s'attacha à un lord Irlandais dont le titre éminent séduisit sa vanité. Au moment où leur mariage paraissait prêt à se conclure, on apprit que ce lord était déjà marié en Irlande, et miss Harvel devint la fable du comté. Cependant le nombre de ses adorateurs diminuait insensiblement, et elle s'aperçut en même temps de la diminution de ses charmes. Alors elle crut devoir adopter une conduite plus réservée; elle remplaça par un ton satirique la gaîté vive et folâtre qui ne convenait plus à son âge, et bientôt elle se vit entièrement délaissée. Néanmoins sa fortune, le rang que tenait sa famille, cette décence apparente qui avait succédé à des manières trop libres, lui donnaient accès dans les sociétés les plus distinguées. Elle avait fait plusieurs tentatives pour être admise à Belmore-Castle, elle s'y était même présentée; mais lady Morinsdale et mistriss Oven dont les mœurs étaient austères et irréprochables, l'avaient reçue froidement et n'avaient pas jugé à propos de faire paraître Valéria : enfin miss Harvel était sortie de Belmore sans qu'on lui eût témoigné le moindre désir de la revoir. Tous les ans la comtesse de Morinsdale célébrait l'anniversaire de sa naissance et invitait ses voisins à cette fête : miss Harvel fut exceptée , et miss Harvel ne put jamais oublier cette injure. On pardonne la haine, mais les affronts se gravent sur l'airain. Elle avait eu assez de pénétration pour voir que la marquise de Glanford n'aimait point mistriss Oven et sa nièce ; et pour se venger de leurs mépris, elle accepta avec empressement l'invitation de venir à Belmore-Castle.

Voici une partie de la conversation qui eut lieu entre la marquise, lady Colma et miss Harvel :

« Elle fut sacrifiée ! disait la marquise avec beaucoup de chaleur. »

— « Quelle indignité ! ajouta lady Colma. »

— « Oui, reprit miss Harvel, elle avait l'esprit faible et ne sut point résister aux menaces. »

— « De qui tenez-vous ces particularités ? demanda la marquise. »

— « Il y a environ trois semaines ,

répliqua miss Harvel, que j'étais en Irlande chez ma cousine lady Brunteland. Elle me parla de lady Sommerton qui demeurait, dit-elle, à Belmore-Castle : je lui répondis que Belmore-Castle était habité par la comtesse de Morinsdale, et que je ne connaissais point lady Sommerton. Quelle fut ma surprise lorsqu'elle me dit que ces deux noms désignaient la même personne. En effet, elle m'instruisit du second mariage de lady Morinsdale avec un jeune baronnet nommé sir Frédéric Sommerton. Elle m'apprit aussi l'existence de lady Ophélia, qu'elle avait connue chez son aïeule ; enfin elle me raconta que, victime soit de la haine que lui portait sa mère, soit d'un complot ténébreux formé pour envahir sa fortune, l'héritière de Morinsdale fut conduite secrètement en France et forcée de s'ensevelir dans un cloître. Mais on ne saurait éviter le remords, et lady Ophélia fut bientôt vengée. »

— « Expliquez-vous, miss Harvel, lui dit la marquise.

— « Une tristesse affreuse, reprit miss Harvel, s'est depuis long-temps emparée de lady Morinsdale et de mistriss Oven ; tout le monde a pu le remarquer, mais on n'en devine point la véritable cause, et sans le voyage que j'ai fait en Irlande, je l'ignorerais moi-même. Cependant, comme le mal est sans remède puisque Ophélia est religieuse, on assure que lady Morinsdale, à la sollicitation de mistriss Oven, a nommé Valéria son héritière universelle. »

La marquise et lady Colma frémirent d'indignation.

« Tout porte à croire, continua miss Harvel, que ce n'est point un bruit vague et dénué de fondement. Miss Valéria, lorsqu'elle fut amenée à Belmore-Castle, était une petite villageoise fort gauche et fort maussade ; mais on lui donna l'éducation la plus brillante, et on lui inspira des idées qui ne pouvaient s'allier avec son premier état :

car on soupçonne que mistriss Oven et sa nièce n'ont ni fortune, ni naissance. »

— « On le soupçonne? dit avec joie lady Colma. » Elle allait continuer; un regard de sa mère l'empêcha de commettre une indiscrétion.

« Il est donc naturel de penser, poursuivit miss Harvel, que lady Morinsdale, si prodigue de ses bontés envers Valéria, voudra couronner son ouvrage en lui transmettant une fortune ravie à la pauvre Ophélia, et dont elle ose priver les enfans de son frère. »

C'est ainsi que miss Harvel animait les dames de Glanford contre mistriss Oven et sa nièce : rien n'était plus facile, car l'ambition, comme l'amour, est aveugle et s'alarme aisément.

On ignore la suite de cet entretien; mais lady Colma, en sortant de l'appartement de sa mère avec miss Harvel, s'écria : « Quelle est donc l'audace de ces créatures ! Elles parviendront à le séduire. »

La marquise fit appeler sir Ethelbert.

« Asseyez-vous, lui dit-elle avec un air contraint. On a remarqué hier votre absence momentanée de chez lady Odoverne : on a même prétendu que vous aviez accompagné mistriss Oven jusqu'à Belmore-Castle. »

— « On ne s'est pas trompé, madame, répondit Ethelbert ; mais mistriss Oven l'ignorait. »

— « J'avais peine à croire cette démarche inconsidérée. Comment, en effet, s'imaginer que le fils du marquis de Glanford n'a pas dédaigné d'escorter la voiture de mistriss Oven, d'une femme dont le père était au service de votre aïeul ? »

Ethelbert rougit, soit de honte, soit d'indignation.

La marquise continua : « On a aussi remarqué vos attentions empressées pour cette jeune fille que lady Morinsdale a fait recevoir dans des sociétés où elle ni sa tante ne devraient être admises. Je pourrais d'un seul mot les replonger dans le néant dont on les a tirées; mais je ne veux point humilier lady Morinsdale, et je garderai son secret. Cependant, mon fils, il faut vous instruire de ce que vraisemblablement vous ignorez encore. Sachez qu'on accuse mistriss Oven d'avoir sacrifié à son ambition votre cousine Ophélia, et que, si l'on en croit le bruit public, elle est parvenue à faire assurer à sa nièce toute la fortune de lady Morinsdale. Ainsi, cet immense héritage, qui devait un jour vous appartenir ainsi qu'à vos sœurs, passera dans les mains d'une étrangère dont le seul mérite est d'avoir plu à un esprit faible qui se laisse dominer par la ruse et l'audace. Maintenant, mon fils, c'est à vous de considérer si vous devez le moindre égard à des femmes obscures, qui ne rougissent pas de s'enrichir et de s'élever aux dépens d'une famille illustre. »

— « Madame, répondit Ethelbert, je n'examinerai point ce qu'il peut y avoir de faux ou de véritable dans des bruits vagues, répandus par la malveillance. Je respecte lady Morinsdale, et je ne lui imputerai point légèrement une action dont je la crois incapable. Quant à mistriss Oven et à sa nièce, il m'est impossible de n'avoir pas pour elles les égards qui me paraissent dûs à des personnes que la comtesse de Morinsdale honore de sa bienveillance particulière.»

—» Je crains bien, dit la marquise en regardant fixement Ethelbert, que vous n'aperceviez trop tard le piége qui vous est tendu. »

« Je ne sais, madame, répondit Ethelbert, ce que peut signifier........ »

— « Ecoutez-moi, mon fils, interrompit-elle; mistriss Oven est entreprenante et pleine d'artifice; elle a formé sa nièce à l'intrigue, et toutes les deux ont sur vous des projets dont la seule idée me révolte et m'indigne. Vous devez maintenant me comprendre ; et si le repos, si la gloire de votre famille vous sont chers, vous ne négligerez point les avis d'une mère qui vous aime, et qui doit vous éclairer lorsqu'on cherche à vous séduire. »

Il s'inclina sans répondre, et sortit avec un air sérieux et rêveur.

Sir Ethelbert, à la fleur de l'âge, n'avait point encore éprouvé l'orage des passions. La nature l'avait comblé de ses dons les plus enchanteurs, et il aurait pu devenir l'idole d'un sexe que les qualités extérieures charment involon- tairement. Mais ses mœurs étaient pures; et sans être exempt de faiblesses, il fuyait avec soin la société de ces jeunes gens dont chaque plaisir est une débauche, et qui font vanité de leurs désordres. Quoique son caractère fût plein de douceur et d'aménité, il savait montrer de la vigueur et de l'énergie lorsque les circonstances l'exigeaient. Depuis son arrivée à Belmore-Castle, il était livré à une tendre mélancolie qui ajoutait un nouveau charme à toute sa personne : l'amour, l'inévitable amour avait mis un terme à l'indifférence d'Ethelbert, et son cœur venait de s'élancer vers une autre existence. Parmi toutes les femmes que jusqu'alors il avait distinguées, nul objet plus digne d'admiration que la nièce de mistriss Oven ne s'était offert à sa vue. Les grâces, la beauté peuvent séduire un moment, mais la vertu seule a le pouvoir de fixer les cœurs, et la vertu semblait respirer dans tous les traits de Valéria, comme elle respirait en elle-même. Placée au faîte des grandeurs ou réduite à l'état le plus obscur, Ethelbert eût toujours adoré Valéria : c'était sa première, son unique passion, elle ne devait s'éteindre qu'avec son existence.

Le discours que lui avait tenu sa mère était fait pour lui inspirer de justes craintes ; mais l'amour ne calcule point les difficultés : soutenu par l'espérance, il croit que pour lui tous les obstacles sont prêts à s'aplanir. Un matin, sir Ethelbert, occupé des plus flatteuses illusions, parcourait le vaste jardin qui n'est séparé du château que par un pont-levis, lorsque, dans une allée solitaire, il aperçut Valéria qui se promenait un livre à la main. Il l'aborda respectueusement et vit qu'elle tenait un volume de *Clarisse Harlowe.*

» Admirable roman ! dit-il avec enthousiasme : oserai-je demander à miss Oven quelles réflexions lui inspire cette intéressante lecture ? »

— « Je pense , répondit Valéria , qu'on ne peut trop se précautionner contre les artifices des hommes, puisque la vertueuse, la prudente Clarisse n'a pu se soustraire aux piéges de Lovelace. »

— « Vous croyez donc, miss Oven , qu'il y a beaucoup de Lovelaces parmi les hommes ? Vous vous tromperiez : il est même difficile de comprendre le caractère de cet odieux et brillant personnage. Aimé de la divine Clarisse, que pouvait-il souhaiter encore ? Mais, égaré par l'orgueil et par un bizarre système de libertinage, il causa la ruine de son amante et se perdit lui-même. Oh ! si jamais j'ai le bonheur de plaire à une femme telle que Clarisse Harlowe, telle que Valéria Oven.........»

Il s'arrêta et parut embarrassé. Valéria, en rougissant, baissa les yeux sur son livre.

« Vous m'avez entendu, madame, reprit Ethelbert : l'aveu de mes sentimens s'est échappé d'un cœur qui vous adore, et mon bonheur est désormais entre vos mains. »

Valéria émue lui lança un regard presque sévère; il tomba à ses genoux et lui dit avec précipitation :

« Ai-je eu le malheur de vous déplaire, miss Oven? mon amour vous serait-il suspect? Ah! croyez que ce penchant est fondé sur la vertu, croyez que mon respect est égal......

« De grâce, interrompit Valéria, levez-vous, sir Ethelbert; ne fournissez pas des armes à la calomnie : par-tout il y a des oreilles et des yeux, et je serais perdue si l'on vous voyait dans cette posture étrange. »

Ethelbert se leva en disant : «Vous

avez raison, madame. Daignerez-vous
excuser mon imprudence? O miss Valéria! qu'un seul mot de votre bouche
rassure mon amour inquiet. »

— « Vous ne m'avez point offensée,
lui dit Valéria d'un air plein de tristesse. » Puis, en soupirant, elle dirigea
ses pas du côté du pont-levis.

Ethelbert, demeuré seul, dut, sans
trop d'amour-propre, interpréter favo-
rablement ce soupir qu'il avait entendu.
Il s'enfonça dans les bosquets où il s'a-
bandonna à une tendre rêverie, à une
vague espérance qui n'est pas sans
charme et sans douceur.

CHAPITRE VI.

LA marquise et lady Colma ne cachaient plus leur animosité contre mistriss Oven et sa nièce, et il ne se passait guères de jour qu'elles n'en donnassent des preuves non équivoques. Enfin, mettant le comble à leurs procédés injurieux, la marquise annonça que désormais elle et ses enfans cesseraient de se réunir, pour les repas, dans la salle ordinaire, et elle commanda qu'on les servît dans son propre appartement. Mistriss Oven et Valéria furent d'abord sensibles à ce mépris affecté ; mais bientôt, satisfaites du témoignage de leur conscience, elles s'armèrent à leur tour d'une noble fierté, sans s'écarter néanmoins des devoirs qui leur étaient prescrits envers une famille alliée à lady Morinsdale.

Il avait été expressément défendu à lady Elvina d'avoir aucune communication avec miss Oven ; cependant elle trouvait quelquefois le moyen de se glisser dans son appartement, et ces deux amies se confiaient le chagrin qu'elles ressentaient de ne pouvoir librement se voir et se parler. Sir Ethelbert n'avait point dissimulé combien il était touché de l'affront que sa mère avait fait à mistriss Oven et à sa nièce en ne les admettant plus à sa table ; il eut même la hardiesse de lui dire qu'elle avait rencontré le vrai moyen d'indisposer lady Morinsdale.

La marquise laissa éclater toute son indignation : « Ce n'est pas la crainte de déplaire à lady Morinsdale qui vous tourmente le plus, dit-elle à son fils : je pénètre au fond de votre cœur, et j'y vois des sentimens dont vous devriez rougir. Mais prenez-y garde, Ethelbert ; il est encore temps de vous arrêter sur les bords de l'abîme : ne me forcez point surtout à un éclat dont vous seriez le premier à déplorer les suites. »

Ethelbert lui répondit avec beaucoup

de vivacité : « Madame, si je m'écartais du sentier du devoir, ce n'est point par des menaces qu'on pourrait m'y faire rentrer, et, quoi qu'il arrive, lady Morinsdale ne pourra du moins m'imputer les outrages qu'on prodigue aux personnes qui lui sont chères. »

— « Mon fils, dit la marquise en se contraignant, j'admire ce langage respectueux : continuez, et prouvez à votre mère que l'oubli d'un devoir entraîne l'oubli de tous les autres. »

Ethelbert, craignant de s'échapper encore et d'aigrir le courroux de sa mère, sortit après l'avoir priée d'excuser sa retraite.

Cette scène fut rapportée à Valéria par sa femme de chambre qui l'avait sue de Betty. Depuis ce jour elle ne se promenait plus que rarement au jardin, de peur d'y rencontrer sir Ethelbert et d'exciter les soupçons de ses vigilantes ennemies. Cependant l'amour d'Ethelbert acquérait de nouvelles forces, car

toute passion s'augmente par les contra-
riétés.

La marquise daigna un jour parler à
mistriss Oven pour lui demander si , depuis le départ de lady Morinsdale , elle
n'avait point reçu de ses nouvelles : mistriss Oven répondit négativement , et la
marquise demanda l'adresse de sa belle-
sœur.

Le soir même il y eut assemblée à
Belmore-Castle. On avait dressé plusieurs tables de jeu, et lady Elvina fut
chargée d'arranger les parties. Valéria,
pour qui le jeu n'avait aucun attrait,
était occupée à lire une romance nouvelle que lui avait donnée miss Malvina,
lorsqu'on vint la prier de se joindre à
une partie qui n'était pas complète ;
c'était précisément celle où se trouvait
lady Colma. Valéria, qui était la complaisance même, surmonta sa répugnance et s'avança vers la table où l'on
était déjà placé ; mais lady Colma se
leva aussitôt en disant avec humeur :
« Je ne jouerai point. » Puis elle ajouta

d'une voix plus basse : « il est vraiment cruel d'être obligé de se singulariser dans une société, à cause de certaines personnes qu'on ne devrait pas y rencontrer. »

Valéria entendit ces paroles : piquée de tant d'insolence, elle passa dédaigneusement devant lady Colma et s'assit à la table de jeu.

« Quelle effronterie! murmura lady Colma. »

— « Ma sœur, lui dit Elvina d'un ton railleur, je sais que vous n'aimez pas le jeu; ainsi ne vous contraignez point, je vais vous remplacer. »

Lady Colma, obligée de concentrer sa colère, n'eut d'autre parti à prendre que d'aller raconter à miss Harvel ce qu'elle appela l'impertinence inouïe d'une petite parvenue, et la basse complaisance de lady Elvina.

Lorsqu'on eut quitté les tables, on pria lady Colma de toucher du clavecin: lady Colma s'y refusa d'abord; on fit des instances nouvelles, et lady Colma,

par pure condescendance , se laissa me-
ner vers l'instrument dont elle toucha
avec beaucoup de langueur : elle n'en
reçut pas moins les plus grands éloges,
dictés soit par une intention railleuse,
soit par un excès de politesse.

Sir Edmond Donald et d'autres personnes engagèrent miss Oven à pincer
de la harpe ; Valéria y consentit avec
grâce, et fit entendre les sons les plus
touchans et les plus mélodieux. Un profond silence régnait dans le salon , et
quand elle eut fini , un murmure flatteur
exprima la satisfaction que fait ordi-
nairement éprouver le vrai talent joint
à la modestie. Sir Edmond surtout paraissait dans l'enchantement et ne quittait point Valéria. Mistriss Oven , la regardant avec un tendre intérêt , laissait
voir sur son visage le doux plaisir qu'é-
prouvait son cœur. Cependant quelques
personnes de la société ne partageaient
point cet enthousiasme : le dépit et la
jalousie étaient peints sur les traits de
lady Colma et sur ceux de miss Harvel,

et la marquise manqua à sa circonspection ordinaire, en disant avec l'air
du mépris : « Que lui servira ce beau
talent lorsqu'elle sera reléguée dans son
village ? » Ces mots, échappés à la marquise, donnèrent lieu à beaucoup de
conjectures.

Miss Malvina Odoverne voulant répondre au désir qu'on venait de lui
témoigner, avait pris la harpe des mains
de Valéria, et se donnant l'attitude la
plus mélancolique, elle chanta, d'une
voix douce et en s'accompagnant, une
romance tirée des poésies du barde
écossais.

LE TORRENT.

ROMANCE OSSIANIQUE.

Torrent, ne te fais plus entendre
Lorsque ma voix appelle Ullin !
Quand je cherche un amant si tendre
Brouillards disparaissez enfin !
Epris du plaisir de la chasse,
Ullin dans ces bois est errant :

Vapeurs, qui me cachez sa trace,
Fuyez, fuyez loin du torrent !

Je marche seule, à l'aventure,
Au sein des humides brouillards.
Mais que vois-je sur la verdure ?
Quels objets frappent mes regards ?
Mon frère et mon amant ensemble !
Tout m'inquiète et me surprend.
O mes amis ! qui vous rassemble
Tous les deux au bord du torrent ?

Une fierté trop inhumaine
Vous rendit long-temps ennemis :
Renoncez-vous à votre haine ?
Hélas ! êtes-vous endormis ?
Ouvrez tous deux votre paupière ;
Mais quel spectacle déchirant !
Leur sang inonde la bruyère
Et rougit les eaux du torrent.

Ma tendresse fut impuissante
Pour enchaîner leurs noirs transports.
Loin d'une sœur et d'une amante
Des mains l'un de l'autre ils sont morts !
Pauvre Gelma, que tout délaisse,
Contemple un abandon si grand !
Coulez, mes pleurs, coulez sans cesse,
Mêlez-vous aux flots du torrent !

Souvent à l'heure solitaire

Où les brouillards couvrent les cieux,
Dans le silence et le mystère,
Ma voix attristera ces lieux.
Mes deux amis, sur un nuage,
M'écouteront en soupirant ;
Et Gelma, dans la fleur de l'âge,
Viendra mourir près du torrent.

La tendre Malvina reçut des complimens sincères ; mais profondément touchée des infortunes de Gelma, elle ne répondit rien ; et on la vit essuyer quelques larmes dont ses yeux étaient mouillés.

« Quelle affectation de sensibilité ! dit miss Harvel à la marquise de Glanford. »

— « Miss Odoverne s'identifie avec le personnage qu'elle représente, observa lady Sudeley, et rien n'est plus naturel. »

— « Je m'aperçois, milady, répliqua miss Harvel, que nous sommes rarement d'accord, et cela me rappelle le costume vert de miss Valéria. »

— « Que voulez-vous, miss Harvel,

reprit lady Sudeley d'un ton plein d'ironie : la contradiction est un des passe-temps de notre âge. »

—« Je ne crois pas, milady, répartit miss Harvel avec l'expression du dépit, qu'il y ait le moindre rapport entre votre âge et le mien. A l'égard de la contradiction, je vois trop que, pour certains esprits, elle est un véritable besoin. »

— « C'est un plaisir innocent, répliqua lady Sudeley, en comparaison de la critique inspirée par la haîne et l'envie.»

« En vérité, répondit miss Harvel, il faudrait avoir perdu le jugement pour envier des ridicules tels que ceux qui blessent ma vue. »

— « Hélas ! répartit lady Sudeley d'un ton significatif, on a des yeux de lynx pour les ridicules des autres, et l'on est aveugle sur ses propres défauts. »

— « Voilà une sentence tout-à-fait neuve, dit miss Harvel avec un rire forcé : quoi qu'il en soit, un exemple frappant me prouve, milady, que cette maxime est incontestable , du moins dans sa dernière partie. »

— « Profitez-en donc, miss Harvel. »

— « Après vous , lady Sudeley. »

La marquise , voyant qu'il se mêlait beaucoup d'aigreur dans cette discussion , en termina le cours par une question qu'elle adressa à miss Harvel.

Sir Ethelbert ne cessait d'avoir les yeux fixés sur sir Edmond et sur Valéria qui paraissaient engagés dans une conversation intéressante , et sir Ethelbert soupirait en secret. Miss Harvel s'approcha et lui dit à voix basse : « miss Odoverne est bien délaissée ; sir Edmond l'abandonne décidément pour miss Oven. Qui donc aidera désormais la douce Malvina à mettre en romances les poésies d'Ossian ? »

— « Toujours caustique et railleuse ! répondit Ethelbert avec un demi-sourire. »

Miss Harvel continua : « Sir Edmond infidèle ! lui qui, dans ses vers fades et romanesques , ne cesse de prêcher la constance ! Mais, sans doute, le mariage sera secret ; car la famille de sir Edmond ne consentira jamais à ce qu'il épouse miss Oven. »

— « Pourquoi? dit sir Ethelbert : miss Oven ne peut qu'honorer la famille où elle entrera, et je crois sir Edmond digne du bonheur où il semble aspirer. »

— « En effet, reprit miss Harvel, j'oubliais que la naissance est une chimère, surtout quand il s'agit de miss Valéria. »

Elle dit, et s'éloignant avec un dépit mal déguisé, elle alla s'entretenir avec lady Colma des sentimens communs et de la folle jalousie de sir Ethelbert.

Sir Edmond se trouvant enfin séparé de Valéria, Ethelbert s'approcha d'elle et lui dit d'un air mélancolique : « Sir Edmond est bien heureux : oui, trop heureux qui sait plaire à miss Oven !

Valéria, touchée de sa tristesse, lui répondit : « Sir Edmond ne me plaira jamais dans le sens que vous paraissez attacher à ce mot. »

Cette douce parole, accompagnée d'un regard charmant, rendit le calme au cœur d'Ethelbert.

O miss Valéria, lui dit-il dans son ravissement, dois-je concevoir quelque espérance ? puis-je me flatter qu'un jour ?....... »

— « Sir Ethelbert, interrompit Valéria, ne cherchez point à approfondir mes sentimens : il serait malheureux pour vous et pour moi que je répondisse à vos vœux. »

En ce moment elle vit les regards de la marquise attachés sur elle, et s'éloignant aussitôt, elle se plaça auprès de miss Malvina. Pendant tout le reste de la soirée, Ethelbert montra beaucoup d'enjouement ; son cœur était plein d'une vive satisfaction, car il avait presque la certitude d'avoir touché celui de Valéria.

CHAPITRE VII.

Un mois s'était écoulé depuis le départ de lady Morinsdale, et aucune lettre n'arrivait du continent. Mistriss Oven n'était pas sans inquiétude, et fatiguée des procédés outrageans de la marquise et de sa fille, elle attendait avec impatience le retour de la maîtresse du château.

Malgré l'absence de lady Morinsdale, la famille Glanford voulut célébrer l'anniversaire de sa naissance. Tous les ans, à cette époque, la comtesse recevait les félicitations des habitans de sa terre et distribuait aux indigens, par la main de Valéria, des aumônes considérables. Le luxe était banni de cette fête touchante ; la seule bienfaisance y présidait.

Cependant la marquise avait ordonné des apprêts magnifiques, et de nombreuses cartes d'invitation furent en-

voyées de toutes parts. La veille de ce
jour solennel, mistriss Oven reçut un
billet conçu en ces termes :

« Après un long sommeil, les morts
» peuvent sortir du tombeau; ils peuvent
» apparaître aux yeux du coupable et
» le confondre en présence de ceux qui
» croyaient à sa vertu. Alors le masque
» de l'hypocrisie tombe, et l'opprimé
» rentre dans tous les droits qu'on avait
» osé lui ravir. »

A la lecture de ce billet qui était sans
signature, mistriss Oven pâlit, et fut
obligée de s'asseoir. Ensuite elle parcou-
rut sa chambre avec une extrême agitation. Un domestique lui apporta une
lettre venue du continent; elle lut les
premières lignes et ses yeux se baignè-
rent de larmes : mais soudain la terreur,
la stupéfaction décomposèrent ses traits,
et sa main laissa tomber le papier fatal.

« Tout est perdu ! s'écria-t-elle avec
l'expression du désespoir. »

Elle acheva cette lecture et demeura
dans l'anéantissement. Enfin elle appela

sa nièce et lui dit d'une voix brève et entrecoupée : « Valéria , il faut partir ..... Il faut quitter Belmore-Castle....... cette nuit même. Ne me demandez point le motif de cette fuite ; c'est un mystère que vous saurez peut-être un jour ; préparez-vous en secret, et avertissez Tom et Johanna : eux seuls nous accompagneront ; Tom nous conduira. Vous coucherez dans mon appartement, et à minuit .... nous partirons. »

Il serait difficile de peindre l'étonnement de Valéria. Profondément touchée de l'état pénible où elle voyait mistriss Oven, elle lui dit d'un ton affectueux : « Ma chère tante, je ne veux point pénétrer des secrets que vous jugez à propos de me cacher ; mais qui donc adoucira l'amertume de vos chagrins, si ce n'est une nièce pour qui vous avez tout fait ? Est-ce que vous doutez de ma discrétion ? Est-ce la crainte de m'affliger qui vous oblige à garder le silence ? Ah ! mon cœur souffre bien plus de l'ignorance où vous me laissez , qu'il ne souffrirait en participant à vos peines. »

Mistriss Oven lui répondit : « Je connais vos sentimens, et je ne doute point de votre prudence ; mais telle est la rigueur de mon sort, que, dussais-je être condamnée par les apparences, je suis forcée de me taire et de gémir en secret. Laisse-moi, mon enfant ; j'ai besoin de repos. Vas trouver Tom et Johanna ; que tout se passe dans le plus grand mystère : on ne saura que trop tôt cette fuite étrange, mais commandée par l'inflexible nécessité. »

Valéria obéit, et mistriss Oven tomba dans un profond accablement qui, pour quelques instans au moins, lui ôta le sentiment de ses douleurs.

On peut conjecturer que la seconde lettre reçue par mistriss Oven avait un rapport direct avec la première. Le style menaçant et mystérieux de ce billet anonyme avait fait pâlir mistriss Oven, et à la lecture de la lettre venue du continent, son trouble s'était manifesté

par une exclamation énergique. Mistriss
Oven serait-elle en effet criminelle?
tout semblerait l'annoncer ; néanmoins
ne nous hâtons pas de juger cette
femme impénétrable : il serait trop
affreux de penser que le manteau de
la vertu pût servir à déguiser si long-
temps et avec autant de succès le crime
audacieux. « N'en doutez pas, dirait
un moraliste sévère , quand il s'agit de
la perversité humaine, rien ne doit
paraître étonnant ou impossible. »

Tout était en mouvement à Belmore-
Castle, et dans la confusion inséparable
de tant d'apprêts, lady Elvina avait pu
sans peine se dérober aux regards de
sa mère et de sa sœur. Elle se rendait
chez Valéria au moment où celle-ci
quittait mistriss Oven. Les deux amies
se rencontrèrent, et lady Elvina dit à
miss Oven qu'elle venait passer une
heure ou deux auprès d'elle. Aussitôt
elles se rendirent dans l'appartement de
Valéria qui ne put cacher entièrement
le trouble qui l'agitait : lady Elvina s'en

aperçut et lui en fit des reproches. Valéria, dont le cœur était oppressé, tendit les bras à son amie et la pressa contre son sein.

« Que vous est-il arrivé ? lui dit avec intérêt lady Elvina : parlez, je vous en conjure; n'êtes-vous pas sûre de trouver un cœur qui, en partageant vos peines, tâchera de les adoucir ? »

— « Pardonnez, répondit Valéria qui avait senti son imprudence; je n'ai pu retenir cet épanchement de sensibilité : nous nous voyons si rarement, quoiqu'habitantes du même lieu ! »

— « Il est vrai, lui répondit Elvina ; mais demain nous nous dédommagerons de tous les instans passés sans nous voir. »

— « Demain ! répéta Valéria. »

— « Oui, ma chère; qui nous empêcherait dans le tumulte d'une fête ?...»

— « Vous avez raison : nous nous reverrons peut-être. Mais daignez m'excuser, chère lady Elvina ; mistriss Oven m'a chargée de quelques apprêts........

— « J'entends, interrompit Elvina ; vous allez donner quelques soins à la parure de votre tante ; elle ne peut faire mieux que de s'en rapporter à votre goût. Adieu donc, chère Valéria ; je serais fâchée de vous retenir plus long-temps. »

Après l'avoir embrassée, elle se disposait à sortir lorsqu'elle l'entendit qui disait d'une voix attendrie : « Adieu, ne m'oubliez pas ! »

Lady Elvina s'arrêta, et lui dit en fixant sur elle un regard pénétrant : « Valéria, vous avez des secrets qui oppressent votre cœur ; mais demain j'espère bien vous les arracher, ou il faudra nous brouiller pour la vie. »

Valéria, étant seule, fit venir sa femme de chambre et l'instruisit des ordres de mistriss Oven.

« Quoi ! madame, s'écria la désolée Johanna ; quoi ! partir au milieu de la nuit comme des criminelles, et la veille d'une fête où j'avais promis à Tom de ne danser qu'avec lui ! Ah ! mon

Dieu, quel contre-temps ! il ne faut donc plus se flatter de rien dans ce monde. »

— « Johanna, lui dit sa maîtresse d'un ton sévère, vous êtes libre ; demeurez au château ; Nelly vous remplacera auprès de moi ; dites seulement à Tom qu'il vienne nous parler. »

Dès qu'elle eût entendu ces derniers mots, Johanna, se doutant bien que Tom serait du voyage, fut à demi-consolée.

« Pardon, madame, dit-elle avec confusion : je me suis mal expliquée. Moi ! j'aurais de la répugnance à suivre une si bonne maîtresse, et je regretterais une fête où vous ne serez point ! Eh ! que m'importent, loin de vous, toutes les danses, tous les plaisirs ! Allons, madame, puisque Tom doit nous accompagner, j'aurai moins de frayeur dans ce triste voyage : Tom nous défendra contre les voleurs et les assassins. »

Valéria, qui connaissait le bon cœur

de cette fille, parut satisfaite, et la chargea de dire à Tom qu'il fallait tenir
le carrosse prêt quelques instans avant
minuit.

« N'oubliez pas l'un et l'autre, ajouta-
t-elle, que ce départ doit être ignoré
de tous les habitans du château. »

Johanna, en soupirant, alla trouver
Tom et lui annonça une nouvelle qui
mettait obstacle aux plaisirs innocens
qu'ils s'étaient promis pour le lendemain.

Il était nuit : la lune, offusquée par
d'épais nuages, ne répandait aucune
clarté ; au tumulte qui, tout le jour,
avait régné à Belmore-Castle, venait
de succéder un calme profond. Mais
le sommeil était loin des yeux de nos
trois fugitives ; une terreur secrète agitait leurs cœurs ; elles étaient silencieuses
comme les ténèbres qui les environ-
naient. A minuit elles sortirent de l'appartement de mistriss Oven, et, pareilles
à de nocturnes fantômes, elles traver-
sèrent lentement un long corridor, et
arrivèrent, sans obstacle, dans la cour

où les attendait leur fidèle conducteur. Tandis qu'elles se plaçaient en tremblant dans le carrosse, Tom abaissait le pont-levis avec précaution, et le char léger vola bientôt loin de l'antique édifice.

CHAPITRE VIII.

Dès que l'aurore eût éclairci les ténèbres, on s'aperçut que le pont-levis était abaissé, mais au milieu des occupations auxquelles chacun se livrait, cette circonstance, qui dans un autre temps eût paru singulière, fut à peine remarquée. Toutes les personnes invitées arrivèrent successivement, ainsi que les tenanciers de la comtesse.

Cependant on était surpris de ne pas voir mistriss Oven et Valéria. Déjà sir Ethelbert s'était promené plusieurs fois dans le corridor où aboutissait l'appartement de miss Oven, mais son impatience avait été trompée, et son cœur ne pouvait se défendre d'un triste pressentiment. Il se rendit chez lady Elvina et lui confia les craintes vagues dont il était agité. Lady Elvina se rappelant le trouble de son amie à leur dernière entrevue, partagea les inquiétudes de son frère, et tous deux prirent la résolution d'aller frapper à l'appartement de Valéria : un silence profond les convainquit de son absence. Ils allèrent ensuite vers la chambre de mistriss Oven ; même silence, redoublement de surprise et d'inquiétudes. Enfin le bruit se répandit que mistriss Oven et sa nièce, Tom et Johanna s'étaient enfuis avant la naissance du jour : l'abaissement du pont - levis confirma cette étrange nouvelle. On enfonça les portes des deux appartemens, mais on n'y trouva rien qui pût indiquer la cause, ni le but de ce nocturne départ. La marquise et lady Colma triomphaient secrètement. A ceux qui cherchaient à démêler leur opinion, elles répondaient : « Cette mistriss Oven est une femme si extraordinaire ! Le dépit de ne pouvoir présider à une fête qu'elle avait coutume de diriger, lui aura sans doute conseillé cette démarche bizarre : au reste, c'est un événement d'assez peu d'importance et dont on ne doit pas s'occuper davantage.

Ethelbert désolé ne cessait de parcourir le château, espérant encore découvrir quelque trace de sa chère Valéria. Pour lady Elvina, renfermée dans son appartement, elle ne songeait plus à sa parure, mais seulement à l'adieu touchant et mystérieux que, la veille, elle avait reçu de son amie.

Après avoir fait distribuer quelques sommes d'argent par l'intendant du château, la marquise et lady Colma, parées avec faste, se montrèrent sur un balcon magnifiquement orné, et promenèrent sur la foule, dont la cour était remplie, un regard où brillait une satisfaction hautaine. Et ces bonnes gens disaient entre eux : « Où sont nos excellentes maîtresses ? nous ne voyons que des étrangères. Qu'est devenue notre jeune lady, cet ange qui consolait les malheureux ? Ah ! le bienfait avait plus de prix en passant par ses mains. » Et ils pleuraint en détournant les yeux.

Les dames de Glanford, qui s'attendaient à des applaudissemmens , furent indignées de l'espèce de consternation dont elles étaient témoins; elles se retirè- rent avec humeur , et la marquise dit à l'intendant : « Quand sera-t-on débar- rassé de toute cette canaille ? Qu'on la fasse sortir , et que le pont soit levé ! »

L'intendant lui répondit que cela serait contraire à l'usage ; que milady voulait que le jour de sa fête , l'entrée de la cour du château fût libre pour tout le monde. L'orgueilleuse marquise fut obligée de se rendre à cette obser- vation.

Le festin était prêt , et l'on remarquait l'absence de lady Elvina. « Allez , dit la marquise à lady Colma ; dites à cette petite fille que je ne puis souffrir ses singularités , et que je lui ordonne de venir ici sans délai. »

Lady Colma s'empressa d'obéir. « Que faites-vous ? dit-elle en entrant chez sa sœur , et en affectant une gaîté iro- nique ; vous voilà bien désappointée. Quand je voudrai peindre une Madeleine

pénitente, je vous prendrai pour mo-
dèle. Faut-il que Betty vous apporte ma
robe de deuil ? car je crois que vous
n'en avez point. Mais, ma sœur, ne
feriez-vous pas mieux d'aller consoler
Ethelbert ? le pauvre garçon a l'air d'un
échappé de Bedlam. »

— « Colma, vous avez l'ame bien
dure, lui repondit Elvina ; mais vous
pourriez vous dispenser de venir chez
moi dans l'intention de me braver et
d'insulter mon frère. »

— « Vous êtes polie, ma sœur, répliqua lady Colma ; où avez-vous acquis,
je vous prie, ce ton noble et distingué ?
ne serait-ce pas auprès des créatures dont
vous pleurez la désertion ? Lady Elvina,
si j'ai eu l'audace de me présenter chez
vous, sachez que c'est par ordre supé-
rieur ; et si vous ne m connaissez pas
encore l'autorité de la marquise de
Glanford votre mère, vous voudrez bien
me suivre sans délai. Entendez-vous,
lady Elvina ? c'est la marquise de Glanford qui vous l'ordonne. »

— « J'obéirai, dit Elvina outrée de ses bravades ; mais lady Colma, sachez à votre tour qu'il serait à désirer pour vous et pour les autres, que votre caractère et votre ton ressemblassent à ceux des personnes dont vous parlez avec tant de mépris. »

— « Ame vile et basse ! » lui dit lady Colma du ton de la fureur concentrée ; puis elle sortit, et poussa la porte avec violence.

Elvina se hâta de passer une robe de mousseline, et descendit dans la salle du festin. Ses premiers regards cherchèrent le malheureux Ethelbert ; il était pâle et abattu, et semblait étranger à cette fête. En vain miss Harvel, placée à côté de lui, tâchait d'éveiller son attention par de piquantes saillies ; Ethelbert ne l'entendait point ; un seul objet occupait sa triste pensée.

Le moment de porter des toasts étant venu, la santé de lady Morinsdale fut généralement solennisée.

« Les morts sont oubliés ! dit une

voix sombre dont les accens étaient inconnus. »

Tous les convives jetèrent les yeux vers l'endroit d'où cette voix était sortie, et virent avec étonnement un étranger enveloppé d'un large manteau, et dont le chapeau était rabattu sur sa figure.

« Qui donc ose entrer ici sans se faire annoncer ? dit la marquise avec hauteur. »

— « Celui qui en a le droit, répondit l'étranger toujours immobile. »

— « Qu'on fasse sortir cet insolent, reprit la marquise en s'adressant à plusieurs domestiques. »

L'inconnu sourit avec dédain, et d'un geste imposant, arrêta les domestiques qui s'avançaient vers lui. Chacun attendait impatiemment la fin d'une scène si singulière. Tout à coup l'étranger se débarrassa de son manteau et rejeta son chapeau en arrière. La marquise poussa un cri d'effroi : c'était sir Frédéric Sommerton.

Déposant son air sombre et farouche,

il s'approcha de la marquise et lui demanda des nouvelles de lady Sommerton
son épouse. La marquise, non encore
revenue de sa stupéfaction, et pouvant
à peine en croire ses yeux, lui répondit
que lady Sommerton était en France.

« Et mistriss Oven? demanda sir Frédéric. »

— « Elle est partie la nuit dernière,
répondit la marquise. »

« Elle savait mon arrivée, dit Sommerton en fronçant le sourcil. »

Ceux d'entre les convives qui n'étaient
pas instruits du second mariage de lady
Morinsdale ne comprenaient rien à tout
ce qui se passait : les autres concevaient
avec peine qu'un homme, que l'on
croyait mort depuis tant d'années, pût
reparaître d'une manière si étrange, et
l'on se communiquait, à voix basse,
les réflexions que faisaient naître, et la
fuite de mistriss Oven et l'apparition
de sir Frédéric, deux événemens qui
semblaient, par des causes secrètes, se
rattacher l'un à l'autre.

Enfin tout le monde fut d'avis de célébrer l'heureux retour du maître du château, et la gaîté de sir Frédéric ramena la joie parmi les convives. Au festin succédèrent les jeux, les divertissemens, les promenades; et la journée se termina par un bal magnifique. Ethelbert n'y voulant point assister prétexta une indisposition : le spectacle des plaisirs et de l'alégresse ajoutait aux souffrances de son ame ; tout lui paraissait désenchanté : Valéria était absente.

CHAPITRE IX.

Sir Frédéric Sommerton et la famille de Glanford se réunirent le lendemain pour prendre le thé, et voici l'histoire qu'il raconta en s'adressant à la marquise.

« Vous avez su, milady, l'opposition que mistriss Oven crut devoir apporter à mon mariage avec lady Morinsdale. Depuis long-temps elle régnait sur l'esprit de la comtesse ; notre union mettait obstacle à ses projets ambitieux, et n'ayant pu l'empêcher, elle se promit bien d'en troubler le cours.

» Il y avait à Morinsdale-Castle une jeune fille, nommée Lucy, qui était au service de mon épouse. Lucy avait une grande facilité de mœurs ; elle devint enceinte. Mistriss Oven ne laissa point échapper cette occasion de me perdre dans l'esprit de lady Sommerton ; elle lui persuada que j'étais le séducteur de Lucy, et elle alluma son ressentiment contre un époux qui fut traité d'infidèle et de parjure. Lady Sommerton, naturellement jalouse et vindicative, n'hésita point à croire mistriss Oven; Lucy fut ignominieusement chassée, et j'ai toujours ignoré ce qu'elle était devenue. Milady ne me fit aucun reproche, mais je fus frappé de sa froideur et de son indifférence; je lui en demandai la cause : un silence dédaigneux me prouva qu'il s'était élevé contre moi de graves soupçons ; je voulus me disculper, on refusa de m'entendre.

» Cependant un horrible complot s'était formé dans l'ombre du mystère. Je fus envoyé en Irlande sous le prétexte de régler des affaires concernant l'héritage laissé à lady Ophélia par son aïeule qui venait de mourir. Au moment où je me disposais à retourner en Angleterre, je reçus de mon épouse une lettre où elle m'annonçait et mon crime prétendu et sa vengeance. En effet je fus arrêté secrètement, et l'on m'embarqua pour les Indes Orientales.

» Je ne vous raconterai point, milady, tout ce que j'eus à souffrir pendant un si long trajet. Vingt fois je fus tenté de me précipiter dans les flots, mais j'étais retenu par l'espérance de faire connaître un jour l'infâme trahison dont je me voyais la victime : car, supposé que je fusse réellement coupable de l'infidélité qui m'était reprochée, une faute si légère méritait-elle un châtiment si terrible ? Enfin j'arrivai au Bengale. Heureusement le gouverneur avait été l'ami de mon père ; je lui découvris le véritable motif de mon exil et il gémit des excès auxquels peut *se* porter une femme jalouse. Non moins généreux que sensible, il eut pitié de mes malheurs, de ma jeunesse, et après m'avoir fait jurer de ne point quitter Calcutta, et de ne jamais écrire en Europe, il consentit à éluder l'ordre qu'il avait reçu de me traiter en prisonnier d'état. Tant qu'il a vécu, je suis demeuré fidèle à mon serment ; mais après sa mort, me regardant comme libre et dégagé de ma parole, je m'embarquai pour Chandernagor, où j'ai vécu plusieurs années avec le produit du commerce que j'avais embrassé. J'aurais pu me trouver heureux si le regret d'être absent de la patrie, ce regret si profondément senti par tous les cœurs bien nés, n'eût pas sans cesse tourmenté mon existence.

» Faut-il l'avouer, milady ? malgré l'injuste rigueur de lady Sommerton, je ne pouvais sans attendrissement, me rappeler le peu de jours que nous avions passés ensemble ; jours fortunés où elle se plaisait à me prodiguer toutes les marques de son amour ! Je tâchais de l'excuser en me persuadant qu'elle n'avait fait que céder imprudemment aux perfides suggestions de mistriss Oven, et je me flattais que, livrée au repentir, elle reverrait avec joie un époux trop long-temps opprimé. Je profitai du départ d'un vaisseau français, et, après avoir essuyé toutes sortes de périls, j'ai débarqué en France et je me suis rendu à Paris. Là, j'ai su que l'Angleterre était délivrée du ministre oppresseur qui avait servi la vengeance de mon épouse. Voyant que je pouvais sans danger retourner dans ma patrie, je me suis embarqué pour l'Angleterre, et j'ai volé à Morinsdale-Castle. Mais quelle a été ma surprise, lorsqu'on m'a dit que mon épouse n'habitait plus l'Angleterre depuis dix-sept ans ! De quelle indignation ai-je été saisi en apprenant que lady Ophélia était religieuse en France ! Je n'ai pas douté que ce ne fût une nouvelle trame de mistriss Oven, et que la malheureuse Ophélia n'eût été forcée de s'immoler ; j'en ai été tout-à-fait convaincu, lorsque j'ai su que mistriss Oven avait introduit auprès de lady Sommerton une jeune fille présentée sous le titre de sa nièce. Ainsi, pour l'élévation de sa propre famille, elle était parvenue à sacrifier l'époux et la fille unique de sa bienfaitrice !

» Arrivé à Stratherne , j'ai appris que lady Sommerton était sur le continent. C'est alors que , pour commencer ma vengeance , j'ai fait remettre à mistriss Oven un écrit mystérieux, où, en termes obscurs et menaçans , je lui annonçais mon apparition. Malgré toute son audace , elle a senti qu'elle ne pourrait soutenir mon aspect , et se condamnant elle-même, elle a pris la fuite au milieu de la nuit. Puisse maintenant lady Sommerton , reconnaissant tous ses torts, exclure de sa présence une femme si criminelle ,et accueillir un époux assez généreux pour oublier ses injustices ! »

Sir Frédéric se tut , et la marquise et lady Colma se déchaînèrent contre mistriss Oven , censurèrent amèrement la conduite de lady Sommerton ; mais Frédéric les interrompit , en disant qu'il accusait moins son épouse que mistriss Oven , qui pour l'exécution de ses desseins coupables , avait abusé de son ascendant sur l'esprit de milady. Les deux dames exaltèrent à l'envi la

générosité de sir Frédéric et lui pro-
mirent de se joindre à lui pour dé-
tromper son épouse et faire entièrement
disgracier mistriss Oven. Il fut aussi
convenu que, pour sauver la réputation
de milady, on laisserait le public dans
la croyance que sir Frédéric avait été
en effet recueillir aux Indes une succession considérable, et qu'on ajou-
terait que mistriss Oven, par de secrètes
intrigues, avait empêché son retour,
dans l'espoir de faire tomber plus aisément entre les mains de Valéria la
fortune de lady Sommerton.

Pendant cette conversation, sir Ethelbert et lady Elvina étaient demeurés
silencieux. Dès qu'ils furent seuls, ils se
communiquèrent leurs pensées au sujet
de l'histoire racontée par sir Frédéric.
Une partie de ce récit et les accusations portées contre lady Morinsdale et
mistriss Oven leur parurent tout-à-fait
invraisemblables, et ils furent persuadés
de l'existence d'un grand mystère que
l'avenir seul pourrait dévoiler. Ils soup-

çonnèrent que mistriss Oven et sa nièce avaient passé en Irlande et s'étaient retirées à Ormond-Castle, qui appartenait à lady Morinsdale. Afin de s'en assurer, sir Ethelbert chargea de ses ordres secrets un domestique fidèle qui partit dès ce jour même, et dont le retour fut impatiemment attendu.

Les fêtes se succédaient au château de Belmore, qui après avoir été long-temps l'asile de la tristesse, était devenu celui des plaisirs et de la gaîté. Cependant la comtesse de Morinsdale, qu'on affectait de nommer lady Sommerton, n'arrivait pas, et ne donnait point de ses nouvelles. Sir Frédéric, la marquise et lady Colma eurent à ce sujet une conférence mystérieuse; et une lettre, artificieusement composée, fut adressée à lady Sommerton.

Le domestique envoyé en Irlande était de retour; mais son voyage avait été infructueux : mistriss Oven et sa nièce n'avaient point paru à Ormond-Castle. Sir Ethelbert et lady Elvina conjecturèrent alors qu'elles avaient rejoint lady Morinsdale.

« Valéria est en France, disait Ethelbert à sa sœur, et je ne la reverrai plus! »

Son cœur se déchirait à cette idée, et ressentait tout le chagrin d'une passion traversée par tant d'obstacles. Hélas! il éprouvait combien sont dangereux et perfides les conseils de l'amour et l'enchantement de l'espérance.

CHAPITRE X.

Nous avons déjà fait mention de mistriss Aterson, l'aïeule de Johanna. Elle habitait, dans le pays de Galles, une ferme appartenant à mistriss Oven, et demeurait avec son petit-fils dont l'excellente conduite faisait la consolation de ses vieux jours. La ferme est située dans un vallon couronné par un bois qui dépend de cette propriété. Non loin du bâtiment s'élève une antique chapelle à moitié ruinée, dont la vue inspire une religieuse mélancolie.

Il était dix heures du soir ; mistriss Aterson et Georges venaient de se livrer au sommeil, lorsqu'ils furent éveillés par le bruit de plusieurs coups de marteau frappés à la porte de la cour. Georges se hâta de se lever, et aux accens d'une voix qui ne lui était pas inconnue, il ouvrit : c'était Johanna qui se précipita dans les bras de son

frère. Mistriss Aterson ne fut pas peu
surprise, lorsqu'elle vit sa petite-fille accompagnée de mistriss Oven et de Valéria. Elle voulait se lever; mistriss Oven
s'y opposa, et Johanna s'empressa de
disposer des appartemens, car nos fugitives avaient besoin de repos. Leur
voyage n'avait été ſtraversé par aucun
événement remarquable; et si la vallée
de Flovern leur offrait un asile moins
brillant que le château de Belmore, il
était du moins plus tranquille et plus
conforme à la tristesse de leur pensée.

Voici une partie du contenu de la
lettre que mistriss Oven avait reçue de
France, et qui avait déterminé sa fuite
pour le pays de Galles.

« Rien ne s'opposait plus à mon retour
» en Ecosse. La veille de mon départ,
» je me promenais au jardin des Tui-
» leries avec madame de Saint-Clair :
» un étranger nous aborde et nous de-
» mande des secours. A sa voix je sens
» un trouble involontaire, mes yeux
» cherchent à démêler ses traits. O ef-

» frayante apparition ! Tout mon sang
» s'est glacé dans mes veines. Le croi-
» rez-vous, chère Oven? puis-je encore
» me le persuader à moi-même ?.......
» C'était le monstre. Si je n'avais pas
» eu le visage couvert d'un voile, il
» m'eût reconnue, et cet instant aurait
» été le dernier de ma vie. Madame de
» Saint-Clair lui donne quelques pièces
» de monnaie ; je lui présente en trem-
» blant une guinée ; il la reçoit et me
» demande si je suis Anglaise. Péné-
» trée d'horreur, j'entraîne madame de
» Saint-Clair avec une vîtesse dont elle
» est surprise. J'imagine un prétexte,
» et je rentre chez moi dans un état
» impossible à décrire. Depuis ce jour
» affreux, je suis dévorée d'une fièvre
» brûlante. Il est sans cesse devant mes
» yeux épouvantés ; sans cesse je crois
» être témoin de l'abominable forfait.
» Je verrai l'ambassadeur d'Angleterre,
» qui est ami du nouveau ministre ; il
» faudra peut-être lui découvrir.........
» A cette seule pensée mes cheveux se

» dressent sur mon front. O Dieu ! pré-
» cipite l'instant qui doit me délivrer de
» tant d'horreurs !

» Il va sans doute passer en Angle-
» terre. Il osera publier mille impos-
» tures ; il se représentera comme vic-
» time du plus noir complot, et il sera
» cru, car les hommes sont accoutumés
» à juger sur les apparences. Accusées
» au tribunal de l'opinion publique,
» notre silence nous condamnera. Mais
» pourquoi garderions-nous le silence?
» Pourquoi, grand Dieu ! Ah ! mon sang
» est enflammé, toutes mes idées s'é-
» garent', ma main tremble.......Je
» m'arrête. . . . .

» Je suis moins agitée , et mon ame
» abattue sent moins vivement toute
» l'horreur de ma position. Aussitôt que
» vous aurez reçu cette lettre , hâtez-
» vous de partir ; emmenez Valéria et
» Johanna. Vous irez au pays de Galles,
» dans la vallée de Flovern. Je vous
» écrirai à l'adresse de mistriss Aterson ;
» et si je ne puis obtenir le nouvel exil

» du monstre, je renonce à ma patrie,
» je demeure en France, et la retraite
» la plus obscure verra finir les jours
» de l'infortunée

« ISABELLA, comtesse DE MORINSDALE. »

Maintenant il est facile de concevoir l'état cruel où se trouva mistriss Oven à la lecture de cette lettre. On a vu comment elle avait effectué son départ, et l'arrivée de sir Frédéric à Belmore-Castle donne l'explication du billet anonyme qui lui avait causé tant d'épouvante.

Les habitans de Flovern passèrent plusieurs semaines dans l'uniformité d'une vie assez triste. Johanna partageait avec son aïeule les soins du ménage, et le fidèle Tom travaillait avec Georges dans les terres qui dépendaient de la ferme. Mistriss Oven, toujours impénétrable, concentrait en elle-même et ses secrets et ses chagrins. Valéria, qui éprouvait aussi des peines intérieures, tâchait de s'en distraire par différentes occupations : elle brodait ou faisait d'autres ouvrages à l'aiguille pour la bonne *Ater-son*. La musique, dont le charme a tant de pouvoir sur les ames sensibles, enchantait ses loisirs et quelquefois adoucissait les ennuis de mistriss Oven. Le soir, Valéria parcourait les environs de la ferme isolée, mais le bosquet situé sur le coteau était sa promenade favorite : c'est-là que souvent, assise sous l'ombrage, elle réfléchissait à la bizarrerie de sa destinée. Orpheline dès son bas âge, adoptée par mistriss Oven, elle avait vu ses premiers ans s'écouler dans la vallée de Flovern, et elle semblait née pour cette paisible obscurité qui met à l'abri des grandes catastrophes de la vie. Mais bientôt conduite à Belmore-Castle, traitée par lady Morinsdale comme sa propre fille, Valéria, dans cette position brillante, avait puisé des sentimens au-dessus de son véritable sort, et Valéria n'était plus heureuse. La hauteur et les mépris de la marquise et de lady Colma, en l'avertissant de l'infériorité de sa naissance, l'avaient péniblement humiliée. Jusqu'alors elle s'était regardée comme l'égale des personnes qu'elle fréquentait sous la protection de la comtesse ; mais l'orgueil des dames de Glanford avait détruit cette illusion. C'est toujours un malheur de recevoir une éducation peu conforme au rang qu'on est présumé devoir tenir dans le monde : il en coûte quelquefois le repos de la vie entière.

Ce qui troublait aussi la tranquillité de Valéria, c'étaient les tourmens mystérieux de sa tante et l'absence prolongée de lady Morinsdale ; c'était le chagrin d'avoir quitté si brusquement lady Elvina dont la généreuse amitié méritait plus de confiance. Mais un souvenir plus cher encore augmentait ses regrets et sa peine. Valéria n'avait pu, sans reconnaissance, se voir l'objet des tendres égards de sir Ethelbert. Long-temps elle avait cru l'aimer comme elle aimait lady Elvina : seulement, lorsqu'il lui eut déclaré sa passion, elle sentit quelques étincelles d'un feu qu'elle se hâta de reprimer. Mais depuis qu'elle était loin d'Ethelbert, cette séparation l'avait éclairée sur la nature de ses sentimens, et Valéria se reprochait amèrement sa faiblesse involontaire. Elle-même avait composé sur l'état de son cœur une romance qu'elle chantait aux sons mélodieux de sa harpe.

L'AMOUR NAISSANT.

ROMANCE.

Hélas! qu'êtes vous devenus
Calme heureux, douce indifférence?
D'ennuis qui m'étaient inconnus
Mon ame éprouve l'influence.
Faut-il renoncer au bonheur,
Et la paix m'est-elle ravie?
Ah! pour un penchant suborneur
Craignons de voir troubler ma vie!

Jadis mon cœur était serein;
Maintenant je rêve et soupire.
Au milieu d'un vague chagrin
Dans moi-même je n'ose lire.
De quel fâcheux pressentiment
Mon ame est-elle poursuivie?
Trop dangereux attachement
C'est toi qui troubleras ma vie!

J'entends une secrète voix
Qui me dit : règne sur ton ame !
A tes vœux impose des lois ;
Que la vertu seule t'enflamme !
Oui , que son auguste pouvoir
Me tienne à jamais asservie :
Quand on est fidèle au devoir
On brave les maux de la vie !

Malgré tant d'efforts vertueux
Ne puis-je , hélas ! briser ma chaîne ?
Un sentiment tumultueux
Me laisse respirer à peine.
Ah ! s'il ne fuit loin de mon cœur ,
Le trépas sera mon envie :
Quand on perd l'espoir du bonheur ,
Faut-il s'attacher à la vie ?

Par cette romance , faite sans art , mais qui peignait assez bien la passion naissante , les combats, les résolutions et le désespoir de Valéria , on voit qu'elle n'attendait aucun fruit heureux d'un penchant que sa raison condamnait. En effet, il existait une trop grande distance entre la nièce de mistriss Oven et l'héritier de la maison de Glanford. Quels que fussent l'attachement et les bontés de lady Morinsdale pour Valéria, elle ne pouvait illustrer sa naissance ; et si l'amour sait rapprocher les conditions, ce n'est guères que dans les romans où il importe peu de choquer la vraisemblance, pourvu qu'on intéresse le cœur.

CHAPITRE XI.

On voit encore aujourd'hui dans la chapelle de Flovern, à côté des ruines, une large tombe surmontée d'une croix de pierre. En tête du monument on lit ces deux vers que nous avons traduits de l'anglais :

> Ils ont brûlé de feux illégitimes ;
> Mais du devoir ils furent les victimes.

Plus bas, on remarque une inscription dont le temps a presque effacé les caractères, et dont voici à peu près le sens :

> La pauvre Zabella, long-temps infortunée,
> Près de John qu'elle aimait goûte ici le repos.
> S'ils n'ont pu dans ce monde unir leur destinée,
> La même pierre, hélas ! couvre du moins leurs os.

Souvent Valéria, prosternée devant la croix solitaire, jetait les yeux sur cette inscription si simple et si touchante. Hélas ! disait-elle, ici reposent deux amans malheureux : ainsi que moi, ils

furent consumés d'une passion réprou-
vée par le devoir, mais le devoir l'em-
porta dans leurs cœurs. O mon dieu !
donne moi la force de les imiter, dussé-
je, comme eux perdre, à la fleur de mes
ans, une vie à jamais désenchantée ! »

Un soir, Johanna se rendant vers sa
jeune maîtresse au bosquet de la colline,
hasarda, de loin, un regard craintif sur
la chapelle, et vit une espèce de fantôme
qui marchait lentement au milieu des
ruines. Saisie d'effroi, et se rappelant
que mistriss Aterson lui avait jadis raconté une histoire analogue à cette apparition, elle se mit à courir et arriva,
pâle comme un spectre, à la ferme où
elle ne trouva que mistriss Oven. Sa démarche précipitée, l'égarement de ses
yeux, sa pâleur, tout dut inspirer à
mistriss Oven une terreur au moins
égale à celle de Johanna. A peine eut-
elle la force de demander à cette fille
le sujet de son trouble.

« Oh ! madame, répondit Johanna
d'une voix altérée et en regardant autour

d'elle comme pour s'assurer si elle ne voyait point l'objet qui l'avait tant effrayée, aurai-je le courage de vous raconter ce que je viens de voir? J'allais trouver au bosquet miss Valéria; en passant, j'ai eu le malheur de regarder du côté de la chapelle, et j'ai aperçu, parmi les ruines, une grande femme enveloppée d'un linceul aussi blanc que la neige; elle s'est arrêtée devant la tombe : miséricorde! c'était le fantôme de Zabella. Madame, au nom du ciel, veuillez ordonner qu'on détruise tout-à-fait cette épouvantable chapelle, ou je ne pourrai plus sortir de la ferme sans mourir de frayeur. »

Comme elle achevait ces mots, Valéria rentra, et mistriss Oven, entièrement rassurée, dit en souriant à Johanna : « Voilà, sans doute, le revenant de la chapelle de Flovern. »

C'était elle, en effet, qui sortant du bosquet, s'était arrêtée sur les ruines, et Johanna, dans son trouble, avait pris la robe blanche de sa jeune maîtresse pour le linceul de Zabella.

« Vous voyez, Johanna, dit mistriss Oven d'un air sérieux, combien la sotte crédulité dénature les objets et enfante d'illusions. J'espère que vous profiterez de cette leçon, et que vous tâcherez de vous défaire des idées superstitieuses dont vous avez la tête remplie. »

Valéria ne put s'empêcher de rire de l'effroi qu'elle avait involontairement causé à la pauvre Johanna qui était muette de confusion. Cependant mistriss Oven dit à sa nièce qu'elle n'approuvait point le penchant qui semblait l'attirer vers la chapelle ; que l'aspect de ce lieu funèbre et isolé ne pouvait que lui inspirer des idées sombres auxquelles, à son âge, il ne convenait point de s'abandonner.

Non loin de la vallée de Flovern, on trouve un petit village dont les habitans laborieux et paisibles vivent entre eux dans un accord qu'ils doivent en pa rie aux soins actifs et à la piété éclairée du ministre de leur paroisse. M. Walney, âgé d'environ trente ans, n'était que depuis peu ministre d'Abéravon. Lorsqu'il avait rempli les devoirs de son état, il venait à la ferme où il était toujours accueilli avec plaisir et bienveillance. Entraîné vers miss Oven par une douce sympathie, souvent il l'accompagnait dans ses promenades solitaires, et il ne se lassait point d'admirer l'instruction solide et les connaissances variées qui ornaient son esprit : quelquefois même il cherchait à les faire briller d'un plus vif éclat; mais Valéria, remarquant son dessein, gardait alors un silence modeste, et semblait ignorer son mérite.

Il est dangereux de se livrer sans précaution au penchant qui flatte le plus : M. Walney l'éprouva, et bientôt un amour violent et insurmontable succéda au tendre sentiment que lui avait d'abord inspiré miss Oven. Ce jeune pasteur, qui jadis avait tant de zèle et d'activité, négligeait maintenant le soin de son troupeau, et ses devoirs les plus sacrés lui paraissaient difficiles à remplir : *tel* est l'effet, telle est la suite ordinaire des passions. Enfin, ne pouvant supporter davantage un état si pénible, M. Walney déclara franchement à mistriss Oven son inclination pour Valéria, et les vœux qu'il osait former. Mistriss Oven, qui avait pour sa nièce des prétentions plus élevées, ne laissa concevoir aucune espérance au jeune ministre ; elle lui répondit que sa nièce étoit loin de songer au mariage ; que cependant elle l'instruirait de la demande de M. Walney, et que le lendemain elle lui transmettrait sa réponse. Depuis quelque temps miss Oven s'était aperçue de la passion de M. Walney, et elle le plaignait sincèrement : il est si naturel de compatir aux maux qu'on souffre soi-même ! Valéria ne fut donc pas surprise de l'aveu qu'il avait fait à sa tante, et elles furent bientôt d'accord sur la réponse.

M. Walney revint à la ferme : on lisait dans ses yeux les tourmens de son cœur. Mistriss Oven tâcha d'adoucir le

refus qu'elle était obligée de prononcer ;
elle lui parla de l'estime que sa nièce
avait pour lui, et elle l'engagea à étouf-
fer un amour qu'elle ne pouvait partager. M. Walney parut se soumettre à
son sort ; il appela la raison à son aide,
et prit la résolution de ne plus aller à
Flovern, espérant que l'absence pourrait
contribuer à guérir sa blessure. Mais
éloignée ou présente, Valéria occupait
toujours sa pensée, tant il est difficile
d'anéantir une première passion !

CHAPITRE XII.

CEPENDANT on apporta de la ville voisine deux lettres, dont l'une était adressée à mistriss Aterson et l'autre à miss Valéria. Mistriss Oven, qui reconnut l'écriture de lady Morinsdale s'empressa d'ouvrir la première et y lut ce qui suit :

« Chère mistriss Oven,

» J'ai reçu de mon intendant une » lettre qui m'annonce que la marquise » de Glanford et ses enfans sont partis » pour Londres accompagnés de l'in- » fâme. Il me donne le détail des dé- » penses excessives qui ont eu lieu au » château et des sommes considérables » qu'il n'a pu refuser à celui qui se dit » encore son maître. Au reste, ce que » j'avais prévu est arrivé : d'abomi- « nables calomnies ont été répandues, et » la famille de Glanford, du moins une » partie, n'a pas rougi de s'en rendre

» complice. La marquise m'a fait aussi
» parvenir une lettre fort longue où
» elle m'engage à me reconcilier avec
« le monstre. Elle ose vous attribuer
» les desseins les plus perfides, les
» actions les plus criminelles ; enfin,
» pour ménager ma réputation, c'est
» vous principalement qu'on accuse
» d'avoir causé l'exil du scélérat.
» Croyez-moi, chère Oven, quelle que
» soit l'issue de cette odieuse affaire,
» j'ai le moyen de faire repentir la mar-
» quise de ses lâches imputations. Je
» ne sais qui m'arrête....... Ne devrais-
» je pas à mon tour dévoiler l'affreuse
» vérité? ne devrais-je pas...... O Dieu !
» quelle pensée ! mourons plutôt flétries
» dans l'opinion générale, que de re-
» couvrer notre honneur par cet hor-
» rible moyen.

» Je me suis présentée chez notre
» ambassadeur : je lui ai laissé aper-
» cevoir seulement un côté de l'épou-
» vantable mystère ; il a deviné le reste.
» Saisi d'horreur et d'indignation, il a

» écrit au nouveau ministre et m'a pro-
» mis un secret inviolable. Je ne doute
» pas que, pour me servir, il n'emploie
» tous ses efforts.

 » Ne quittez point la vallée de Flovern;
» là du moins vous ne serez exposée,
» ni vous ni mon intéressante Valéria,
» aux outrages de l'audacieux impos-
» teur : demeurez-y jusqu'à ce qu'il soit
» retourné dans le lieu de son exil :
» c'est alors et seulement alors que vous
» reverrez celle qui vous aime,

  »Isabella, comtesse de Morinsdale.»

Voici le contenu de la lettre adressée
à miss Oyen.

 « Ma bien-aimée Valéria,

 » N'ai-je pas de justes reproches à
» vous faire? depuis votre fuite nocturne
» vous avez eu la cruauté de ne pas
» donner le moindre signe d'existence
» à des amis qui ne cessent de penser
» à vous. Ai-je donc en vain compté
» sur votre attachement ? Ce n'est pas

» sans peine que nous avons découvert
» l'asile où vous êtes ensevelie : que ne
» suis-je maintenant à Glanford-Castle !

» Je suis forcée, presque tous les
» jours, d'avoir à votre sujet et à celui
» de mistriss Oven les contestations les
» plus vives. Non, jamais je n'enten-
» drai, de sang froid, les accusations
» dont la vertu la plus pure est indi-
» gnement noircie. C'est surtout avec
» ma sœur que je suis en guerre ouverte.
» Je ne puis, en vérité, qu'attribuer
» à la plus basse envie, l'acharnement
» qu'elle met à vous nuire. Cette pauvre
» Colma ne peut souffrir dans autrui
» les qualités dont elle se sent privée.
» Sir Frédéric Sommerton, qui nous
» a tant effrayés par sa résurrection ino-
» pinée, nous a suivis à Londres et
» occupe un appartement à l'hôtel Glan-
» ford. Je ne vous cacherai pas que j'é-
» prouve pour cet homme un invincible
» éloignement : son air faux, son rire
» sardonique me font un mal incon-
» cevable, et je crains son regard per-

» çant, comme on craint celui du basi-
» lic. Enfin je le crois capable de tout
» excepté de ce qui est honnête. Hélas !
» pourquoi faut-il que lady Morinsdale
» ait fait choix d'un pareil époux ? J'ai
» mis mon esprit à la torture pour tâcher
» de démêler quelque chose dans ce
» chaos de mystères ; je n'y peux rien
» comprendre, et je fais chaque jour,
» des vœux pour la justification de l'in-
» nocence et le châtiment du crime.

» Adressez votre réponse à l'hôtel Glan-
» ford, et si vous êtes toujours la compa-
» tissante Valéria, veuillez tracer quel-
» ques lignes de consolation pour un
» infortuné qui souffre autant que moi
» d'une séparation si cruelle. Adieu,
» mon aimable amie ! que ne m'est-il
» permis d'espérer qu'un titre encore
» plus doux vous sera donné, quelque
» jour, par

» Elvina WANESBURY. »

« *P.-S.* Écrivez-moi à l'adresse de
» Jenny Ashell, ma femme de chambre :

» c'est une précaution nécessaire pour
» tromper les argus qui me surveillent. »

Une seconde lettre était jointe à celle
qu'on vient de lire; la voici :

« Madame ,

» Que d'événemens incompréhen-
» sibles se sont succédés depuis quelques
» mois! Que de bizarres conjectures ont
» fait naître votre fuite et l'apparition
» de sir Frédéric! Enfin, que d'impos-
» tures publiées contre des personnes
» dont la vertu répond de leur inno-
» cence! Je ne veux entrer dans aucun
» détail : peut-être un jour la révélation
» de ce mystère d'iniquité confondra
» l'auteur de tant de calomnies, et fera
» la honte de ceux qui osent les appuyer
» et les rendre publiques.

» Nous sommes encore à Londres,
» et je n'aspire qu'à revoir Glanford-
» Castle. Glanford n'est pas éloigné
» de la vallée de Flovern, de cet asile
» fortuné qui possède un trésor ines-

» timable à mes yeux. Hélas ! que d'ins-
» tans pénibles à passer jusqu'au moment
» où je retrouverai la moitié de ma
» vie ! Combien de fois j'accuserai l'éter-
» nité des jours ! Combien de fois dans
» le silence des nuits, mes yeux privés
» du sommeil, croiront se fixer sur une
» image adorée ? O miss Valéria ! que
» d'insupportables ennuis dans le sein
» des plaisirs et des grandeurs ! Ici,
» rien ne peut m'attacher, ni me plaire ;
» tout m'est insipide, et mon ame, sé-
» parée de ce qu'elle a de plus cher, vole
» sans cesse vers la solitude de Flovern.

» On veut me faire épouser une riche
» héritière, qui réunit, dit-on, tout ce
» qui peut contribuer à rendre un mortel
» heureux. Je l'ai vue, mais auprès d'elle
» mon cœur est demeuré froid et insen-
» sible : ce n'était point Valéria.

» Que m'importent les projets ambi-
» tieux de ma famille ? dois-je, pour
» la satisfaire, me soumettre en esclave
» à de vains préjugés, et sacrifier tout
» le bonheur de ma vie ? Non ! j'en jure

» par l'amour. Je n'ai qu'une seule am-
» bition, c'est de plaire à l'objet sans
» lequel je ne peux vivre : si je parviens
» à toucher son cœur, tous les obstacles
» s'évanouiront. Quelle douce espé-
» rance ! et comme elle enchante mes
» peines ! s'il fallait y renoncer...... Ah !
» la mort serait un bien pour Ethelbert.

» Adieu, madame ! adieu, noble et
» charmante Valéria ! malgré les persé-
» cutions de ma famille, malgré les
» rigueurs de l'absence, je bénirais mon
» sort si je pouvais me flatter que vous
» accordez quelquefois un souvenir au
» fidèle et malheureux

» Ethelbert WANESBURY. »

Après avoir lu ces deux lettres, Valéria
les présenta à mistriss Oven qui parut
sensible à cette marque de confiance.
Lorsqu'elle en eut fini la lecture, elle
dit à sa nièce :

« Vous êtes maintenant instruite d'un
événement que j'avais cru inutile de
vous faire connaître, puisqu'il ne m'était

pas permis de vous révéler des circonstances plus mystérieuses. Je savais qu'en
fuyant de Belmore-Castle au milieu de
la nuit , il était impossible d'échapper
aux traits envenimés de la calomnie;
mais à quelque prix que ce fût, il fallait
éviter la présence de sir Frédéric. En
butte aujourd'hui à ses lâches impostures,
c'est à moi de souffrir et de me taire.
Espérons néanmoins que le bras divin,
suspendu depuis tant d'années , ne tar-
dera pas à s'appesantir sur la tête du
coupable. »

Ces mots prononcés avec une sombre
énergie remplirent d'effroi le cœur de
Valéria ; cependant, d'une voix timide,
elle demanda si milady revenait en
Écosse.

Mistriss Oven lui répondit : « Tant
que sir Frédéric n'aura pas de nouveau
traversé l'immensité des mers , la comtesse de Morinsdale restera en France,
et nous dans la vallée de Flovern. »

Valéria n'osa point hasarder de nouvelles questions, et mistriss Oven lui

dit, après un instant de silence : « Vous pouvez répondre à la lettre de lady Elvina puisqu'elle en témoigne le désir; mais gardez-vous de laisser concevoir la moindre espérance à sir Ethelbert; gardez-vous bien, Valéria, de partager un amour insensé : ce serait pour vous le plus grand des malheurs, puisque jamais vous n'épouserez, sir Ethelbert.»

Valéria frémit et crut en ce moment pressentir toute l'horreur de sa destinée. Aussitôt qu'elle se vit seule, elle relut vingt fois cette lettre passionnée, où respiraient des sentimens si généreux et si tendres : elle contemplait avec une sorte de joie triste ces caractères tracés par une main chérie, et le papier fut inondé de ses larmes.

Le soir étant venu, elle se rendit à la chapelle isolée, et s'abandonnant tout entière au chagrin d'un amour sans espérance, elle s'assit au milieu des ruines : tel on nous peint l'ange de la mélancolie qui, d'un œil de pitié, considère les ravages du temps ou ceux de la main des hommes. Tout à coup elle se leva et se mettant à genoux devant la croix, elle pria l'Eternel de rendre à son cœur le repos qu'il avait perdu. Mais que servent contre l'amour les prières et les larmes ? Jusqu'au pied du monument qui renfermait la cendre des morts, Valéria brûlait intérieurement. Il lui semblait que les feux qui jadis avaient dévoré le cœur de Zabella s'exhalaient encore du fond de sa tombe et venaient l'embrâser elle-même.

« Ah! fuyons, s'écria-t-elle ; fuyons ce dangereux asile : l'air qu'on y respire est enflammé ; il donne la mort. »

Infortunée ! peux-tu donc ignorer que la flamme est dans ton sein ! Valéria se disposait à sortir, lorsqu'elle entendit un bruit sourd parmi les ruines. Sans être superstitieuse, elle se sentit pénétrée de terreur, car il était presque nuit, et ce lieu était tout-à-fait désert.

« Est-ce vous miss Oven ? dit une voix douce et mélancolique. »

Elle s'arrêta et reconnut M. Walney

qui, par un attrait sympathique, avait aussi dirigé sa promenade du côté de la chapelle.

« Que faites-vous si tard ici ? lui dit-il : je croyais que cet asile ne convenait qu'aux amans malheureux. »

Un soupir échappé du sein de Valéria fut entendu de M. Walney.

« Miss Oven n'est point heureuse, continua-t-il, puisqu'elle cherche la solitude et le calme des tombeaux. »

— « Hélas ! répondit enfin Valéria, tout mortel a ses chagrins et ses douleurs : qui le sait mieux que vous, M. Walney, dont le zèle porte si souvent aux cœurs affligés des secours et des consolations ? »

— « J'en ai besoin moi-même, repliqua-t-il. » Et il accompagna Valéria jusqu'à la ferme.

Mistriss Oven commençait à concevoir des inquiétudes sur l'absence de sa nièce, et Johanna, malgré la frayeur que lui inspirait toujours le voisinage

de la chapelle, allait sortir pour chercher sa jeune maîtresse.

M. Walney, pensif et silencieux,
quitta bientôt les dames de Flovern et
retourna lentement à Abéravon.

Cependant le sombre hiver attristait
la nature : les arbres étaient nus, et
le ramage des oiseaux n'enchantait
plus le bosquet abandonné. La rigueur
de la saison ayant obligé Valéria de renoncer à sa promenade accoutumée,
elle n'avait, pour charmer ses ennuis,
que sa harpe dont elle pinçait quelquefois en présence de mistriss Oven ; mais
lorsqu'elle était seule, elle aimait à
chanter, en s'accompagnant, des cou-
plets qui peignaient le découragement
de son ame.

L'HIVER.

ROMANCE.

L'hiver va bientôt disparaître
Avec le terrible aquilon ;
Et les zéphirs, prêts à renaître
Vont murmurer dans ce vallon.
Mais lorsque ma peine mortelle

Est loin de terminer son cours ;
Du printemps qui se renouvelle
Ah ! que m'importent les beaux jours !

Roi des frimats, demeure encore !
Tu ne saurais partir trop tard,
Puisque l'ennui qui me dévore
Doit durer après ton départ.
Ta tristesse plaît à la mienne ;
Roi des frimats, règne toujours !
Avant que le printemps revienne
Il faut me rendre mes beaux jours.

Trompant mes vœux, l'hiver s'envole,
Et mon chagrin ne peut finir.
Oh ! que ta gaîté me désole,
Printemps que je vois revenir !
J'entendrai parmi le feuillage
Les oiseaux chanter leurs amours,
Et mon cœur, devenu sauvage,
Ne pourra souffrir les beaux jours.

Ainsi de l'hiver de ma vie
Je voudrais hâter les instans.
Quand mon sort fut digne d'envie
Je désirais le doux printemps ;
Mais tels que la rose éphémère,
Du bonheur les momens sont courts ;
Hélas ! comme une ombre légère
Nous voyons passer nos beaux jours.

Mistriss Oven remarquait avec inquiétude les secrets ennuis de Valéria ; elle avait trop d'expérience pour ne pas s'apercevoir que l'amour en était la source, et elle craignait que le mal ne devînt incurable. Si elle eût été libre, elle aurait quitté la vallée de Flovern, car la solitude nourrit l'amour ; mais il fallait attendre l'événement qui devait les réunir à lady Morinsdale.

Le temps approchait où la marquise et sa famille allaient revenir à Glanford-Castle, et mistriss Oven redoutait ce dangereux voisinage. Elle appréhendait les visites de sir Ethelbert, qui augmenteraient le courroux de la marquise, et ne pourraient qu'enflammer la passion naissante de Valéria. Une crainte plus vive encore la tourmentait sans cesse et lui rendait presque insupportable le séjour de Flovern : si l'audacieux Sommerton accompagnait la marquise à Glanford - Castle, qui l'empêcherait de se présenter à Flovern ? Valéria serait donc exposée à ses regards ? Cette pensée faisait frissonner mistriss Oven. De quoi n'était pas capable Frédéric Sommerton ? N'aurait-il pas même l'impudence de l'accuser devant la famille de Glanford ? Que répondrait alors mistriss Oven ? Mistriss Oven serait confondue. Mais quels motifs incompréhensibles force-raient l'innocence à baisser la vue et à garder un silence timide aux yeux de son accusateur ? Ce mystère est loin de s'éclaircir, et le crime doit triompher encore au préjudice de la vertu souf-frante et malheureuse.

FIN DU TOME PREMIER.